北大版留学生本科汉语教材·语言技能系列

汉语
综合写作教程

Chinese Integrated Writing

主　编：李　汛
顾　问：杉村博文
编　者：余　敏　伍依兰
　　　　李华雍　万　莹

图书在版编目(CIP)数据

汉语综合写作教程/李汛主编. —北京：北京大学出版社,2009.1
(北大版留学生本科汉语教材·语言技能系列)
ISBN 978-7-301-14732-0

Ⅰ.汉… Ⅱ.李… Ⅲ.汉语—写作—对外汉语教学—教材 Ⅳ.H195.4

中国版本图书馆 CIP 数据核字(2008)第 191838 号

书　　　名：汉语综合写作教程
著作责任者：李　汛
责 任 编 辑：孙　娴（suzannex@126.com）
标 准 书 号：ISBN 978-7-301-14732-0/H·2175
出 版 发 行：北京大学出版社
地　　　址：北京市海淀区成府路 205 号　100871
网　　　址：http://www.pup.cn
电　　　话：邮购部 62752015　发行部 62750672　出版部 62754962　编辑部 62752028
印 刷 者：涿州市星河印刷有限公司
　　　　　　787 毫米×980 毫米　16 开本　12.5 印张　297 千字
　　　　　　2009 年 1 月第 1 版　2019 年 7 月第 5 次印刷
定　　　价：38.00 元（含 CD-ROM 盘一张）

未经许可，不得以任何方式复制或抄袭本书之部分或全部内容。
版权所有，侵权必究
举报电话：010-62752024　电子信箱：fd@pup.pku.edu.cn

使用说明

　　《汉语综合写作教程》是一本新型的汉语写作教材,以记叙文、说明文和议论文三种文体的写作训练为经,以篇章结构、常用句式以及写作修改等各层面训练为纬,综合平衡各项学习内容与训练之间的关系,经纬交织搭建教材整体框架。本教材由十五篇课文组成,涵盖记叙文、说明文、议论文三种文体。每篇课文设计有五大模块,分别为写作要点、范文展示、思路图、写作训练室和写作修改室,书后配有部分参考答案。同时,教材还配套有 CD-ROM 光盘一张,于友好的人机交互界面上,通过丰富的表现手法实现多通道、立体化的教学模式,也方便学生进行自学。

　　本教材以达到中级汉语水平的外国留学生为教学对象,可作为汉语言专业本科二年级写作课主干教材,也可供其他具中级汉语水平的留学生使用或作为 HSK 写作训练教材。

一、教学目标

　　1. 从最基本的句型、语段入手,提高汉语学习者书面表达能力,主要是叙述能力、说明能力和议论能力。

　　2. 启发学生对汉语写作的认知,培养学生对汉语写作的兴趣。在提高学生汉语写作水平的同时,培养其自主学习的能力。

二、教材特色

　　1. 注重汉语思维模式的培养。遵循认知语言学规律,启迪学生以汉语思维方式阅读、理解范文,从结构入手引导学生熟练掌握构思技巧,培养学生合理构建文章的能力。

2. 注重写作规范性。本书涵盖记叙、描写、说明、议论等写作基本技巧，严格规范各类文体的常用词语、句式及篇章结构。既考虑到留学生实际汉语水平，又注重对学生写作规范性的培养。

3. 内容新颖，实用性强。本书各类文体范文，均为编者根据 HSK 考试大纲，精选重点词汇编写而成。训练题型新颖多样，部分题型与 HSK 考试接轨，有助于学习者快速提高汉语写作应试能力。实用性强，教师可以灵活运用，开展课堂教学，学生则可根据自身的汉语水平有选择性地自主学习。

三、教材体例

1. 写作要点：

简要介绍写作基本知识和每课的学习任务。

2. 范文展示：

（1）思考题：

以提问的方式启发学习者的思维，指导学生有目的地去阅读范文，理清范文写作思路，为独立写作打下基础。

（2）范文：范文是指导学习者学习写作的范本。所选范文能很好地体现该类文体的写作特点，同时注重内容的新颖实用。每课范文都集中地包含了该课的训练重点，一方面可以作为教师教学的用例，另一方面也可以作为学习者写作训练的参照。

3. 思路图：

用图表的形式展示出文章的主体结构，归纳出文章的结构框架。部分设置"常用词语及句式"栏目，结合范文，用表格的形式列出文章的常用词语和句式。其中，常用句式还配有例句，供教师与学生参考。

4. 写作训练室：

内容上，紧紧围绕教学目的，设置了限制性表达训练和自由表达训练两大类练习；形式上，力求易于操作、生动有趣、从易到难、科学编排。

5. 写作修改室：

提供两篇略有修改的学生习作，各保留五处学生在此类文体中常见的偏误。第一篇的偏误用黑体字标示出来，供学生修改；另一篇的偏误未标示出来，设计为互动游戏，由学生自己找出偏误并修改。

四、使用建议

本书提倡互动式的教学方法，教师可组织提问、讨论和分组练习等多种互动式的课堂教学活动，以提高学生的写作能力。

建议每周两学时，一个学期完成本书的教学任务。教学环节的安排可选取以下两种方式：

一是两学时完成写作要点、范文展示、写作训练室中限制性表达训练部分的内容。其余部分可作为课后作业布置给学生完成。

二是一学时完成写作要点、范文展示部分的内容，一学时安排学生限时完成写作训练室中的自由表达训练内容。

目 录
Contents

第 一 课　写作格式与标点符号
　　　　　（写作知识）　　　　　　　　／001

第 二 课　会网友
　　　　　（看图作文一）　　　　　　／010

第 三 课　好心办坏事
　　　　　（看图作文二）　　　　　　／020

第 四 课　助人为乐
　　　　　（看图作文三）　　　　　　／031

第 五 课　新衣服
　　　　　（补写记叙文）　　　　　　／042

第 六 课　善良的妈妈
　　　　　（写人记叙文）　　　　　　／052

第 七 课　中国人的温暖
　　　　　（写事记叙文）　　　　　　／061

第 八 课	可爱的大熊猫	
	（事物说明文一）	/072

第 九 课	我的家乡	
	（事物说明文二）	/082

第 十 课	今天我下厨	
	（程序性说明文）	/092

第十一课	减轻压力	
	（事理性说明文）	/104

第十二课	走自己的路	
	（议论文一）	/113

第十三课	保护大自然	
	（议论文二）	/124

第十四课	上大学还是开公司	
	（议论文三）	/136

第十五课	网络的利与弊	
	（议论文四）	/149

附　　录	参考答案	/160
后　　记		/190

1 写作格式与标点符号

（写作知识）

 写作要点

汉语使用方块汉字作为书写符号，书写格式有一定的规律和要求。

标点符号是汉语书面语的重要组成部分，有表示停顿、语气和词语性质等作用。

本课学习汉语的写作格式与标点符号，要求按照汉语格式正确地运用标点符号。

 范文展示

					少	年	百	万	富	翁①				
											陈	立	民②	
	③	有	一	个	男	孩	儿	，	叫	达	瑞	。	他	十	二	岁	时	就	成	了	有
名	的	作	家	，	十	七	岁	就	拥	有	了	几	百	万	美	元	。	这	到	底	是
个	什	么	样	的	男	孩	儿	呢	？	他	是	怎	么	成	功	的	呢	？
	④	在	达	瑞	八	岁	的	时	候	，	一	次	，	他	没	有	钱	看	电	影	。
他	想	，	是	伸	手	向	父	母	要	呢	，	还	是	自	己	去	赚	呢	？	最	后
他	选	择	了	后	者	。	可	是	一	个	八	岁	的	孩	子	能	做	什	么	呢	？
达	瑞	想	了	很	久	，	他	自	己	做	了	一	种	饮	料	，	在	马	路	上	叫
卖	。	那	时	天	气	非	常	寒	冷	，	他	一	瓶	也	没	有	卖	出	去	，	只
有	两	个	人	例	外	—	—⑤	他	的	爸	爸	和	妈	妈	。

汉语综合写作教程

　　一次,他遇到了一个成功的商人,他问那位商人:"⑥我是一个孩子,我可以用哪些办法赚钱呢?"商人给了他两个建议:一是试着帮助别人;二是做你能做的和你会做的。

　　一天,吃早饭的时候,父亲让达瑞去花园取报纸。路程虽短,但非常麻烦。外面风很大,达瑞只穿着睡衣,他感觉很冷。就在这时,达瑞想到了一个好点子。当天他就去找邻居,对他们说,如果他们愿意每个月付给他一美元,他就每天早上把报纸塞到他们的门底下。大多数人都同意了(因为价钱不高,而且解决了他们一个很大的麻烦)。一个月后,当他拿到自己赚的七十多块钱时,他高兴得不知道怎么形容自己的心情。

　　后来,达瑞又想到了很多点子:帮邻居运垃圾、⑦送牛奶、看护小孩儿……⑧最后他把这些办法写成了一本书——《儿童挣钱的二百五十个主意》。

　　这就是达瑞——一位少年成功的故事!

（根据德国博多·舍费尔《达瑞的故事》改编）

写作格式说明:

　　① 题目要写在第一行的正中央。

　　② 作者的姓名写在第二行的右边,或写在第二行正中央。如果不写姓名,那么在题目下空一行再开始写正文。

　　③ 文章的开头要空两格,再开始写正文。

　　④ 文章要根据意思分成几个段落。一个段落写完了,要另起一行空两格再开始写下一段。

第一课　写作格式与标点符号

⑤ 破折号要占两格。

⑥ 如果是引号和别的标点符号在一起用时，两个符号需各占一个格子，但在行尾，可以共占一格。

⑦ 一般标点符号都要占一格。如果需要用标点符号时，一行的最后一格被汉字占了，那么标点符号不要写在下一行的开头，应该写在该行最后一个汉字的格子里。

⑧ 省略号同破折号一样，需要占两格。

标点符号示例：

名称	说明	例句
。句号	一句话结束或者一个意思表达完了，用句号结束这句话。	① 他想要在毕业前找到一份好工作。 ② 我很喜欢看书，常常去书店买书。
？问号	放在问句后面，表示疑问、反问、设问等。	① 你知道哪一本是我最喜欢的书吗？ ② 难道就让我住这种破房子吗？
，逗号	一句话没有说完，中间需要休息、停顿一下，这时候用逗号。	① 有一个男孩儿，叫达瑞。 ② 第二天早上，妻子叫他起床上班。
、顿号	表示一句话内的停顿，但比逗号要短，用在并列的词语之间。	① 我喜欢吃苹果、香蕉、梨等水果。 ② 这一年时间里，他去过欧洲、非洲、亚洲，收获不少。
！叹号	表示强烈感情的时候使用，常用在感叹句中。	① 这本书帮了我不少忙呢！ ② 这里的风景实在太美了！

续表1

名称	说明	例句
…… 省略号	1. 表示未完的列举。 2. 表示说话断断续续。	① 他帮邻居运垃圾、送牛奶、看护小孩儿……最后还把这些办法写成了一本书。 ② 她看着我，伸出手说："给……给一点儿……"
：冒号	1. 用在"说、想、道、问、如下"等词的后边，提起下文。 2. 用在总说性话语的后边，表示引起下文的分说。 3. 用在称呼语后边，表示提起下文。	① 我对邻居家的小朋友说："你的狗真可爱。" ② 现将通过考试人员名单公布如下：王明、陈方、刘新。
""引号	1. 表示引用别人的话或者别的书上的内容。表示说话内容时，常用在冒号的后面。 注意： ① 如果引号中是一个完整的句子，那么句号、问号、感叹号等要写在引号里；如果引号中不是完整的句子，那么这些标点要写在引号外面。 ② 如果引号中又引用了别的内容，里层应使用' '，被称做单引号。	① 我对邻居家的小朋友说："你的狗真可爱。" ② "妈妈昨天怎么说的？"我问。弟弟说："妈妈昨天很高兴，说'等我的女儿回来，一定要奖励她才行。'怎么样？这下高兴了吧？"
	2. 表示引号里边的词语或句子有特殊的意义或者强调。	① 这本书的确看起来有点像"工艺品"。 ② 这就是他所谓的"最贵的汽车"？
（）括号	括号内是补充说明的内容。	① 请大家于4月15日（星期五）下午3点在操场集合。 ② 请到学校邮局（学校西区超市旁）付款。

第一课　写作格式与标点符号

续表2

名称	说明	例句
；分号	用于表示并列或者对比的两个或几个分句中间。	① 下课了，有些人在教室里睡觉；有些人在教室外聊天、抽烟；还有些人在操场上玩儿。 ② 白天，他把自己关在家里睡大觉；晚上，就出来到酒吧、舞厅玩乐。
《》书名号	提到书、电影、文章、画儿等作品时，要使用书名号。 注意： 书名号里还要用书名号时，外面一层用双书名号，里面一层用〈〉，被称做单书名号。	① 我打开《少年知识百科问答》寻找答案。 ② 他写的一篇文章《读〈希望的光〉有感》发表了。
——破折号	解释说明时使用。	① 树下站着两个人——一位妈妈和她的女儿。 ② 我非常喜欢吃武汉最有名的小吃——热干面。

写作训练室

一、给下面的句子填上合适的标点符号。

1. 他对那个小孩儿大喊一声□"当心汽车！"

2. 说话的时候要注意时间□场合□地点□对象和方式。

3. 祝各位身体健康、万事如意□

4. 我一直想去看他□可是一直抽不出时间。

5. □学汉语□是我们学校的留学生自己办的报纸。

6. 他是我最好的朋友。我笑，他也跟着我笑□我哭，他也跟着我哭。

7. 你来了好几天了，跟老师见过面了没有□

8. □怎么这么便宜？不太可能吧。□他吃惊地问。

9. 武汉著名的名胜古迹□□黄鹤楼昨日因某种原因未向游人开放。

10. 桌子上乱七八糟地堆满了各种各样的东西，有书、杂志、文具□□

005

11. 本周六□2008年10月4日□将在科学会堂举行中国历史讲座，请同学们踊跃参加。

二、给下面的文章加上标点符号。

我喜爱的一本书

钱明月

　　我很喜欢看书　家里的书柜里堆满了爸爸给我买的书　你知道哪一本是我最喜欢的吗　对了　就是　少年百科知识问答　它是我过十二岁生日时爸爸送给我的生日礼物

　　这本书的内容分为日常生活科学　动物科学　植物科学　昆虫科学等各个领域

　　这本书具有儿童情趣　每一个问题答完后就有一幅漫画　叫人想看　爱看　在看书的同时读者不知不觉就能把知识记住了

　　这本书还帮了我不少忙呢　有一回　我对邻居家的小朋友说　狗只能看见黑色和白色　他们谁也不相信　说我是吹牛大王　回家后　我在书柜里查找这方面的资料　终于在　少年百科知识问答　找到了关于狗的一篇　我拿去给小朋友看证实我的说法　他们都夸我知识丰富　还有一回　我在一本书上看到了　地光　这个词　不知道是怎么回事　就打开　少年知识百科问答　寻找答案　原来　地光　地震的前兆　有时如带状　有时如条状　还有柱状　片状　球状　火状等形状

　　这本书丰富了我的知识　开阔了我的视野　帮助我更好地学习和生活　是我的良师益友

第一课 写作格式与标点符号

📝 写作修改室

一、阅读下面的学生习作,指出并修改书写格式和标点符号方面的错误。

一位书法家奶奶

我有一个七十四岁的奶奶。她长得是什么样子的呢。她个子很矮、脸上布满皱纹,长着一双慈祥的眼睛,比实际年龄看起来年轻一点儿。

她是一个书法家,在家里教几十个学生书法。以前,我也是她的一个学生。从五岁到十八岁我一直跟着她学书法,她教我教得很精心。她常对我说:『学习书法要用心。』我从书法中得到了几个启示,集中精力、具有耐心。

我觉得她是一个优秀的书法家,可她还是努力练习书法,提高自己的书法能力。她以前有一个很大梦想,那就是在日本最大的书法展览会上展出自己的书法作品。她一连几年都没能获得这个展出的权利,连战连败。但是她不断地努力学习,2004年她的希望才实现。

她有很高尚的人格、很强的忍耐心和慈悲心,所以我一直很尊敬她。我必须以她为榜样,进一步努力学习.

(日本学生习作,略有修改)

1. 我有一个七十四岁的奶奶。她长得是什么样子的呢。

2. 她个子很矮、脸上布满皱纹,……

3.『学习书法要用心。』

4. 我从书法中得到了几个启示，集中精力、具有耐心。

5. 我必须以她为榜样，进一步努力学习.

二、互动游戏：下面学生的习作中有五处格式或标点不正确。请和你的同学比比看，看谁找得快，看谁改得好。

第一次到中国人家做客

　　我曾在一位中国朋友的奶奶家度过了一次新年。

　　她很早以前就对我说："春节时一定来我奶奶家过年吧？我的奶奶家在农村……"我也想'春节时中国人怎么过年？'，'中国农村怎么样？'。于是我抱着期待的心情去了她的奶奶家。

　　因为我第一次到中国人家里做客，所以有点儿紧张。但是她的奶奶，她的爸爸，她的姐姐以及她的亲戚朋友们都很热情。

　　吃饭时我觉得很特别。比如：客人面对着门坐着吃饭，桌子上的菜都是用肉做的。而且他们一个劲儿地说"多吃点儿，多吃点儿，不要客气。"

　　还有，他们春节时不打扫房间，因为打扫的话，他们觉得会把福气扫出去。

　　我觉得我经历的这件事很有意思，而且我对中国文化有了进一步的了解。

（韩国学生习作，略有修改）

第一课　写作格式与标点符号

请将修改后的句子写在横线上。

1. _____
   _____

2. _____
   _____
   _____

3. _____
   _____
   _____

4. _____
   _____
   _____

5. _____
   _____
   _____

2 会网友

(看图作文一)

写作要点

多幅图就像连环画一样，往往是在讲一个小故事。故事都有起因、经过和结果。我们在写多幅图的看图作文时，要先看清楚画面内容，把每幅图用一两句话说清楚，然后把几幅图所表达的意思连成一个整体，最后把故事完整地写出来。

图片展示

（〔斯里兰卡〕MANOJ·K）

第二课 会网友

范文展示

请仔细观察上面的四幅图，思考并回答以下问题：

1. 什么叫网友？

2. 画面上有什么？他们是什么关系？他们分别是哪国人？（提示：男孩儿叫山本，女孩儿叫小华）

3. 每幅图画的主要意思是什么？请用一句话写清每幅画面的内容。

4. 展开想像。男孩儿是怎样认识女孩儿的？他来中国干什么？他和中国朋友游览了什么地方？告别的时候，他们俩说了些什么？

范文一

会网友

　　山本这段时间特别高兴，他在网上认识了一个中国朋友，名叫小华。他们俩每天都在网上聊得很开心。山本还学了不少汉字。

　　今年夏天，山本来北京见到了小华。原来小华是一位美丽又可爱的中国女孩儿，两人见面后可高兴了。因为他们虽然在网上是好朋友，可在生活中还没见过面呢。

　　山本在北京的每一天都很快乐。小华很热情，带着山本游览了北京的许多名胜古迹，天坛、长城、故宫、颐和园……最难忘的是他们一块去爬了著名的万里长城。长城已经有2000多年的历史了，可仍然是那么雄伟壮丽。小华说:"'不到长城非好汉',现在山本爬上了长城,是真正的'好汉'了。"

时间过得真快,山本要回国了。告别的时候,小华说:"再见,欢迎你再来中国。"山本答应她:"我一定还会来中国的。"

范文二

会网友

山本的家在日本东京。他最近特别高兴,因为他在网上认识了一个中国朋友,这个朋友是个名叫小华的北京女孩儿。他们每天都在网上聊天,聊他们各自喜欢的电影、音乐、小吃,或者是生活中有趣的事情等等。山本觉得每次和小华聊天都很开心,而且他还学会了不少汉字。

今年夏天,山本利用自己课余打工挣来的钱来到北京见小华,两个朋友见面后可高兴了。小华非常热情地带着他游览了北京的许多名胜古迹,故宫、颐和园、香山等等。他们还一块儿品尝了许多北京美食,比如北京烤鸭、煎饼果子、豆汁儿……其中,最让山本难忘的还是他和小华一块儿去爬了著名的万里长城。长城已经有2000多年的历史了,可是现在仍然那么雄伟壮丽。山本记得小华以前在网上告诉过他:"中国有一句非常有名的话,叫'不到长城非好汉'。"现在,他自己终于爬上了长城,是一名真正的"好汉"了。

不知不觉,一个星期过去了。山本要回国了。小华送

第二课　会网友

山本到机场。她对山本说："欢迎你以后再来中国。"山本也非常感谢小华这几天的热情招待，并且答应她说："我一定还会来中国的。"

思路图

通过范文的学习，现在我们可以总结出写多幅图的结构安排。注意要充分发挥自己的想像，使整个故事是完整的，不能只有开头没有结尾，故事的人物、时间、地点等也要交代清楚。

写此类看图作文时，首先应该将每幅图画的主要意思弄清楚，然后按照逻辑把所有的图画连成一个整体，多问几个为什么，对画中没有画出来的部分进行合理的想像，从而把整个事件的内容补全。

1. 第一幅图。交代故事中的主要人物、时间、地点、事件的起因。

↓

2. 第二幅图。交代事件的初步发展。

↓

3. 第三幅图。交代事件的进一步发展过程。

↓

4. 第四幅图。交代事件的结果。

汉语综合写作教程

 写作训练室

一、选词填空。

> 后来　最初　现在　最后　过了一段时间

我在中国的时候报名上了太极拳班。____①____有7个人，有男生，也有女生，都是留学生。那时候同伴多，很热闹，我们经常互相纠正对方的错误，比谁的姿势最地道。____②____，一个俄罗斯小伙子读博士了，功课忙，就不来学了。____③____，新鲜劲儿过去了，动作也越来越不容易把握，有的人跟不上，也一个一个地不来了。____④____只剩下我一个人。____⑤____我还在坚持学太极拳。我打算回英国后当太极拳班教练呢！

二、南非来的玛丽同学在学滑冰。请根据下面的词语提示，写一写她的心理变化，可以根据需要加入一些动作描写和对话描写。

> 好奇　兴奋　紧张　害怕　高兴　自豪

开始：

后来：

第二课 会网友

最后：

三、把下列词语按照正确的顺序连成句子。

1. 时间　里　电话　聊　很长　他们　在　了

2. 高兴　新　起来　了　因为　得　他　认识　跳　朋友　了

3. 好　得　不　考　玛丽　太　这次

4. 参观　北京　山本　故宫　来到　而且　了

四、根据下面的图片，完成以下任务。

任务1：请分别用简短的话来描述每一幅图的内容，尽量用上括号里的词语。

(1) _____

(看见、男人、打、可怜)

(2) _____

(帮助、用拐杖、打)

《爱狗的人》

（〔瑞典〕雅各布森）

(3) _____

_____

（没想到、咬、跑）

任务2：根据以上句子，发挥想像，写一篇看图作文。

写作修改室

一、阅读下面的学生习作，并修改文中不正确的语句。

酒和水

有一天，朱先生听说了在他最喜欢的酒吧来了一位新的调酒师。因为

第二课 会 网 友

朱先生特别喜欢喝鸡尾酒,所以他决定今晚去品尝一下那个人调的酒。

酒吧一到了,朱先生就请调酒师先给他来一杯威士忌酒。不幸的是,这个调酒师是个高度近视,也不对各种酒放的位置熟悉。在昏暗的灯光下,他看不清楚哪一瓶是威士忌,就随便从酒柜的最高一层拿了一瓶。真倒霉!被调酒师拿下来的不是威士忌,就是一瓶浇花水!可朱先生不知道,他等得不耐烦了,高高兴兴地端起杯子就喝,可他马上就把酒吐出来了。

"这个威士忌酒的味道还可以,可是我肯定,你们在里面加了水。"他一面生气地大叫,一面拿了笔在酒吧的广告牌上写上"酒水"两个字。

(捷克学生习作,略有修改)

1. 朱先生听说了在他最喜欢的酒吧来了一位新的调酒师。

2. 酒吧一到了,朱先生就请调酒师先给他来一杯威士忌酒。

3. 这个调酒师是个高度近视,也不对各种酒放的位置熟悉。

4. 被调酒师拿下来的不是威士忌,就是一瓶浇花水!

5. 他一面生气地大叫，一面拿了笔在酒吧的广告牌上写上"酒水"两个字。

_____
_____

二、互动游戏：下文中有五处不正确的地方，请和你的同学比比看，看谁找得快，看谁改得好。

我的中国生活

　　时间过得真快，我在中国已经生活了3个月了。我每天都很忙，学习很辛苦。但是我这几天非常高兴，因为我认识了很多好朋友：一个法国人、一个美国人和很多中国人。我的中国朋友常常问我很多问题，例如法国怎么样？法国人喜欢什么？而且他们都对我表示很热情，常常帮助我。

　　现在正是秋天了，天气有点儿冷。这个星期我们班参加着一个拔河比赛。经过努力，我们终于赢了，还获得了三百块钱奖励，所以今天晚上我们要都在一起去吃晚饭。不过现在，我的胳膊和腿都疼得要命！还有让我高兴的事，我的汉语水平提高了。因为我和中国朋友经常来往，而且我每天都看中文电视、中文书，所以我的进步一点快。

　　我觉得汉语很有意思，我喜欢学习汉语。

（法国学生习作，略有修改）

请将修改后的句子写在横线上。

1. _____
_____

2. _____
_____

第二课　会　网　友

3. _____
   _____

4. _____
   _____

5. _____
   _____

3 好心办坏事

（看图作文二）

写作要点

事情有起因、经过和结果。许多表示事件的图画不是省略了这个部分，就是省略了那个部分。在写这类看图作文时，要根据画面内容把事件的起因和结果补充出来，组成一个完整的事件。

要想写得具体生动，光有故事的起因、过程和结局是不够的。还要注意一些基本的方法：想想怎么做的，写出人物的动作；想想会说什么，加几句对话描写；想想怎么想的，写出人物的心理活动；看看图中景物，来几句环境描写。

图片展示

（〔德国〕卜劳恩）

第三课 好心办坏事

仔细观察上面的四幅图，思考并回答以下问题：

1. 第一幅图，小孩儿望着窗户冒出来的烟，他想到了什么？

2. 第二幅图，小孩儿跑去做什么？

3. 第三幅图，小孩儿在做什么？

4. 第四幅图中，那个大人怎么了？他是谁？他对小孩儿说了些什么？

5. 四幅图联系起来看，猜猜第一幅图中的浓烟是怎么回事。

范文展示

范文一

救 火

　　一天，儿子背着书包从学校回来。今天放学很早，作业也不多，可以痛痛快快地和小朋友们玩儿了，儿子越想越高兴。快走到家门口的时候，儿子突然发现自己家的窗户在往外冒烟。烟很浓，气味也不好，好像是种什么东西

烧着了。儿子站在窗下,望着浓烟。家里是不是着火了?儿子越想越担心,越想越怕。一想到家里可能着火了,儿子连书包都来不及放下来,就跑到院子里。"着火了!着火了!"要赶快救火才行。儿子找来一个水桶,装了满满一桶水,转身又往回跑。

儿子气喘吁吁地提着水桶跑到窗下,窗户太高,儿子用力把水桶里的水从窗口泼进去。浓烟不见了。

儿子放心了,正要去找爸爸。这时,爸爸突然从窗户里探出头来。儿子骄傲地挺了挺胸,对爸爸说:"爸爸,刚才家里着火了,是我救的火!"爸爸的头上湿淋淋的,手里拿着一只滴水的烟斗,气呼呼地说:"哪里着火了!是我在抽烟,你把我和烟斗都浇湿了!"

范文二

好心办坏事

小明最近看了几本很漂亮的连环画,里面全是助人为乐的小英雄,他想有一天他也要做件好事。

放学了,小明背着书包,哼着小曲儿,高高兴兴地向家里走去。当他经过邻居王大爷家窗口时,发现里面浓烟滚滚,一股股黑烟从窗口飘出来。他想,糟了,王大爷家失火了,怎么办呢?噢,他想起来了,书上说过,用水可以灭火。他赶紧跑回自己家,提着一桶水,向王大爷家跑来。他气喘吁吁地跑到了窗前,将大半桶水用力泼进窗里。没想到,王大爷突然很生气地从里面探出了头,瞪着小明

第三课　好心办坏事

说："小明，你干吗呀？小小年纪就不做好事，你怎么浇我一头水啊？"看着王大爷湿淋淋的头发和满脸的水滴，还有生气的眼神，小明傻眼了。"我，我……"小明一脸无辜，不知道做错了什么，但当他看到王大爷手中那个湿淋淋的烟斗时，他明白了：原来王大爷正在窗下抽旱烟呢，那浓烟竟是抽烟时冒出的阵阵烟雾啊！

好事没做成反倒做了件坏事，小明满脸惭愧，感到非常抱歉。

思路图

通过学习范文，我们可以总结出写此类看图作文的要点，就是要根据画面，进行合理的想象，补充故事缺少的情节，把四幅图按照逻辑关系联系起来，列提纲，把故事写出来。如下图所示：

1. 看懂图意，并分别用一句话概括每幅图的意思。

2. 把四幅图按逻辑关系联系起来，多问几个为什么，根据图意补充画面缺少的部分。

3. 列提纲，写出事件的起因，过程和结局。把缺少的部分标出来。按提纲把故事写出来。

汉语综合写作教程

写作训练室

一、选词填空。

> 刚才　竟　出来　怎么　突然　最近　进去　原来

小明走在放学回家的路上，___①___下起了倾盆大雨。正好路边有一家超市，他连忙躲了___②___。当他从超市走___③___时，太阳公公又露出了笑脸。小明心想，___④___还下大雨呢，___⑤___一会儿就天晴了，这天气真奇怪！一回到家，小明就被妈妈叫到房间。妈妈看起来很生气。___⑥___小明___⑦___经常迟到，今天下午班主任___⑧___去了妈妈的工作单位，把这一情况告诉了她。

二、把下列词语按照正确的顺序连成句子。

1. 回家　想　很晚　小华　越　没　害怕　越　妈妈　还

2. 下课　就　东西　超市　买　一　我　去

3. 知道　班主任　不　都　这件事　连

4. 书包　说　你　先　吧　下来　把　放　再

5. 太　抽烟　经常　喝酒　但　爸爸　不　喜欢

三、根据下面的图片，完成以下写作任务。

《打错了》

（［德国］卜劳恩）

任务1：为每幅图写一句话，注意动词的使用。

(1) _____

_____

（坐、看、吹）

(2) _____

_____

（让座）

（3） _____

_____

（抽烟、皱眉）

（4） _____

_____

（打、摔倒）

任务2：展开合理想像，写一篇短文。

（注意：要把图中的事件写具体，重要的是写人物的动作。看懂图中的人在做什么，是怎么做的，然后结合自己在生活中的经验，想清楚这件事的动作是怎样一步一步做的，最后选择恰当的动词，把这些动作写清楚。）

四、看下面《相似也会难堪》的几幅图，分组讨论后给每幅图配上一段对话，要求有对话也有独白，看哪个组的对话最精彩。

任务1：第一幅图中的两个女人在说什么？
_____
_____

任务2：第二幅图中两个女人又说了什么？
_____
_____

任务3：小孩儿对着小狗说了些什么？
_____
_____

第三课　好心办坏事

（〔德国〕卜劳恩）

任务4：第四幅图中两个女人又会说些什么？

_____

_____

写作修改室

一、阅读下面的学生习作，并修改文中不正确的语句。

儿子的身高

一个秋天的下午，在院子里一个父子一起玩儿。儿子突然说："我的身高是什么？"父亲说："你站在这棵树的前面，我来量一量你的身高。"父亲让儿子背靠树站着，然后拿来钉子和锤子，在儿子身高的位置上钉了一颗钉子。

冬天来了。因为天冷，他们一直待在家里，没到院子里去玩儿。春天到了，**他们高高兴兴地出去院子里，又量了量儿子的身高**。真奇怪！儿子的身高没有树上的钉子高。儿子说："为什么我变矮了呢？"**父亲发现，原来这棵树长得快比儿子**。他们错误地把树作为不变的标记。**树也一样成长的生物**。

（日本学生习作，略有修改）

1. 一个秋天的下午，在院子里一个父子一起玩儿。

2. 儿子突然说："我的身高是什么？"

3. 他们高高兴兴地出去院子里，又量了量儿子的身高。

第三课 好心办坏事

4. 父亲发现,原来这棵树长得快比儿子。

_____

_____

5. 树也一样成长的生物。

_____

_____

_____

二、互动游戏:下文中有五处不正确的地方,请和你的同学比比看,看谁找得快,看谁改得好。

一年之后

一个春天的下午,爸爸和儿子来到院子里的一棵树前面。爸爸说:"我钉钉子在这棵树上,每年为记录你的生长。明年我们一起来这儿量量你的身高吧。"爸爸在儿子的身高高度的位置上钉上了一颗钉子:"今年你有这么高了,你一定要快快长高啊!"

过了秋天、冬天。第二年春天到来的时候,爸爸和儿子又来到树前。量儿子的身高的时候,爸爸发现去年钉钉子的地方比儿子还高。儿子吃惊地问爸爸:"爸爸,是不是比去年我长小了?"爸爸笑着说:"不,不是你长小,是这棵树长高了。过去的一年里,你不但长高,而且这棵树长高了。"

(法国学生习作,略有修改)

请将改正后的句子写在横线上。

1. _____

_____

汉语综合写作教程

2. _____

_____

3. _____

_____

4. _____

_____

5. _____

_____

4　助人为乐

(看图作文三)

写作要点

　　补写是根据已给材料补充相应的内容，构成一篇完整的文章。看图类补写有时给出一个故事的开头和结尾部分，中间插入一幅图画，要求我们根据图上的内容发挥想像，把故事补充完整。

　　下面给出了一个故事的开头和结尾部分，中间有一幅图画，这幅图画是对故事发展过程的描绘。请你仔细看图，然后根据图上的内容把故事补充完整。

助人为乐

　　我是个善良热情的人，看到有人需要帮助，不管认识还是不认识，总是喜欢帮一把，助人为乐嘛。通常被我帮助的人都对我万分感激，想法儿表达谢意，但有一次却不是这样。这件事情，让我至今想起来都觉得好笑。

　　那天，我刚刚下班，正走在回家的路上。突然我发现有个老人趴在公园的水池边，似乎在捞什么东西。糟糕，一定是他的东西掉到水池里了，我连忙……

（〔瑞典〕雅各布森）

老人一脸无奈，带上还在滴水的已经破了的帽子，匆忙地走了。

仔细观察上面的图，再根据给出的开头和结尾思考并回答以下问题：
1. 故事里都有谁？事情的起因是什么？

2. 故事的结局怎么样？

3. 根据事情的起因和结局，推测事情发展的全过程。"我"为什么帮助老人？"我"是怎样帮助老人的？老人为什么一脸无奈？

4. 画面上的故事的起因是什么？过程怎么样？结果怎么样？

 范文展示

 范文一

助人为乐

我是个善良热情的人，看到有人需要帮助，不管认识还是不认识，总是喜欢帮一把，助人为乐嘛。通常被我帮助的人都对我万分感激，想法儿表达谢意，但有一次却不是

第四课　助人为乐

这样。这件事情，让我至今想起来都觉得好笑。

那天，我刚刚下班，正走在回家的路上。突然我发现有个老人趴在公园的水池边，似乎在捞什么东西。糟糕，一定是他的东西掉到水池里了，我连忙跑过去帮忙。原来是老人家的帽子被风刮到水池里去了。我热心地对他说："老伯，别急，我帮你捞！"然后转头去找打捞的工具。啊，我找到工具了——一根很长的树枝。我立刻跑了过来。

"老伯，让开，我来帮忙！"我用力把树枝往帽子里叉，叉了好几次。最后总算被我叉中了。我小心翼翼地把帽子捞上来了。老人高兴地说："谢谢，谢谢。"可是，我捞起来一看，帽子被我弄破了。

老人一脸无奈，带上还在滴水的已经破了的帽子，匆忙地走了。

范文二

助人为乐

我是个善良热情的人，看到有人需要帮助，不管认识还是不认识，总是喜欢帮一把，助人为乐嘛。通常被我帮助的人都对我万分感激，想法儿表达谢意，但有一次却不是这样。这件事情，让我至今想起来都觉得好笑。

那天，我刚刚下班，正走在回家的路上。突然我发现有个老人趴在公园的水池边，似乎在捞什么东西。糟糕，一定是他的东西掉到水池里了。我连忙跑过去一看，发现

是一位老人，正盯着水池中的一顶帽子。我想：这位老人肯定是不小心把帽子掉进水里去了，那我可得帮他把帽子从水里捞起来才行啊。我看了看周围，发现附近正好有一根长长的竹竿。于是，我拿起竹竿就去捞浮在水面上的帽子。当老人看到我和我手中的竹竿后，大喊了一声："等一下！"但这时，我已经顺利地捞起了帽子。当我高兴地把帽子从竹竿上拿下来时，却发现可能是我太用力了，帽子已经被竹竿捅了一个大洞。于是，我抱歉地把破帽子交给老人。结果，这位老人非常生气地对我说："这帽子是我刚从商店里买来的。商店里的人告诉我它能防水，于是我就把它放到水池里试一试，想知道它是不是真的能防水。可是，现在……"原来是这样啊！老人并不是不小心把他的帽子掉进了水里，只是想检验一下新帽子的质量而已。知道了原因后，我感到更加抱歉。原本我只是想帮助别人，但是因为没有问清楚原因，反而把别人新买来的帽子弄出了一个这么大的洞。于是，我一个劲儿地向这位老人道歉。老人看了看我，又看了看自己手中的破帽子，不停地叹气。

　　最后，老人一脸无奈，带上还在滴水的已经破了的帽子，匆忙地走了。

思路图

　　通过范文学习，我们总结出看图补写作文的主要方法，如下图所示：

第四课 助人为乐

1. 对照开头寻找故事的起因。根据结尾找到故事的结局。

2. 看图，用一句话说清图意。然后根据开头结尾，推测出事情发展的全过程。

3. 列写作提纲，把图画中整个事件的过程写出来。注意发挥想象，可以加入必要的动作、心理和对话描写，使整个故事生动、有意思。

 写作训练室

一、用括号里所给的词语完成句子。

1. _____，对别人说话都应该有礼貌。（不管……还是……）

2. 她平时学习很努力，_____。（但……却……）

3. 看见老师走进教室，同学们_____。（连忙）

4. 我考试得了九十多分，妈妈不但不表扬我，_____。（反而）

5. 不是我不想去参加晚会，_____。
（只是）

二、选词填空。

> 盯　带　站　抱　想　摸摸　回答　看　知道

一天，我坐在街心公园____①____书，突然听到有人问我："小姐，你是英国人，是吗？"我抬头一看，一个四五岁的小姑娘，双手____②____着一个大布娃娃____③____在我面前。她目不转睛地____④____着我，歪着脑袋等待我回答。我笑着问她："你怎么____⑤____我是英国人呢？"小姑娘一边指着她的布娃娃，一边很认真地____⑥____："这是爸爸从英国给我____⑦____回来的。你看，你和她一样有金色的头发、蓝色的眼睛。我____⑧____，你就是英国人。"我哈哈大笑起来，忍不住____⑨____她的小脸蛋，说："你真是一个聪明的孩子。"

三、下面给出了一篇短文的开头和结尾部分，中间部分给出了六组词语。请你使用这六组词语，再加上一些必要的词语写出六个完整的句子，把这篇文章补充完整。

淘气的贝贝只有6岁，对什么都很好奇。这天，爸爸妈妈上班去了，他一个人在家玩儿。

1. _____

（想、牙膏、有多长）

2. _____

（拧、盖子、挤）

第四课　助人为乐

3. _____

_____

（白色、牙膏、涂、在地上）

4. _____

_____

（挤完、从……到……、卫生间、客厅）

5. _____

_____

（拍手、笑、好玩儿）

6. _____

_____

（妈妈、下班、吃惊、问、为什么）

贝贝高兴地对妈妈说："妈妈，你知道牙膏有多长吗？我告诉你，从浴室一直到家门口那么长！"

四、下面是一个故事的开头和结尾，还有一幅图画描绘故事发展过程。请你仔细看图，然后完成下列的练习。

送　花

丽娜是一个漂亮的姑娘，我偷偷喜欢她已经很久了。今天我终于鼓起勇气，在丽娜每天下班的路上等着，我要告诉她："我喜欢你。"
……
丽娜惊讶地说："你送的这是什么呀？"我也傻住了，天哪，这是哪个调皮蛋干的坏事！

汉语综合写作教程

任务1：用三个句子分别描述画面上的三个人在干什么。

任务2：请根据给出的开头和结尾发挥想像，把这个故事补充完整。

任务3：请你再发挥想像，写出这个故事的结局。

第四课 助人为乐

写作修改室

一、阅读下面的学生习作，并修改文中不正确的语句。

画蛇添足

　　古时候，在一座城里有一个姓张的先生，是一个富翁。张先生有很多宝贝——珊瑚、玉石、黄金……还有一壶很好喝的酒。大家都想喝张先生家的酒，但是酒只够一个人喝，怎么办呢？

　　一天，张先生建议："大家都来比赛画蛇。**我给最快画的人敬酒。**"大家很高兴，开始争先恐后地画蛇。过了一会儿，一个年轻人画完了。**他看见谁没都画完，很得意。**他觉得大家画得太慢了，就给这条蛇上添加一下几只脚。当那个年轻人画完蛇脚，很满意地拿到张先生那儿。可是，这时另一个年轻人也画完了。**他说："你画不是蛇。"**那个年轻人生气地说："为什么？这是真正的蛇，我早画完了。这酒应该是我的。"另一个年轻人回答说："蛇没有脚，所以这不是蛇。这酒应该是我的。"**张先生和大家同意这个话。**于是，张先生给另一个年轻人敬了酒。

（韩国学生习作，略有修改）

1. 我给最快画的人敬酒。

2. 他看见谁没都画完，很得意。

3. 他觉得大家画得太慢了，就给这条蛇上添加一下几只脚。

4. 他说："你画不是蛇。"

5. 张先生和大家同意这个话。

二、互动游戏：下文中有五处不正确的地方，请和你的同学比比看，看谁找得快，看谁改得好。

去中国旅行

  我想去中国，我的爸爸同意了。旅行前我认真准备行李。两天过去，我和弟弟就去飞机场坐飞机去北京。我们到飞机场的时候，有很多美国人，还有很多外国人。我看美国三角航空公司的飞机和美联航的飞机。美国三角航空公司的飞机比美联航的一样大，可是美国三角航空公司飞机跟美联航的飞机不一样，一个是红的，一个是白的。我们上飞机以后，一个人问我："你是从哪儿来的？"我高兴地说："美国。"我的弟弟不高兴在那时，他不想去中国。可是，我们在中国的时候，我们去了长城、故宫，还吃了很多中国菜。我们玩儿得很好。中国很有意思，我再要去一次。

（美国学生习作，略有修改）

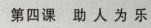

第四课 助人为乐

请将你改正后的句子写在横线上。

1. _____

2. _____

3. _____

4. _____

5. _____

5 新衣服

（补写记叙文）

写作要点

补写是材料作文的一种形式，它要求写作者准确把握所供材料的限制条件，补充相应的情节和内容，使之成为一篇完整的文章。补写的形式很多，本课学习根据开头和结尾补写中间的内容。

范文展示

下面给出了一个故事的开头和结尾部分。请根据这个开头和结尾，思考以下问题，然后把故事补充完整。

1. 对照开头和结尾，想一想中间缺少的部分是什么内容。

2. 身上穿的新衣服引起了什么意想不到的事情？

3. 这件事情为什么让"我"感到难堪？

4. 这件事情发生的起因、经过和结局是什么样的？

第五课　新衣服

新衣服

今天天气晴朗。早晨,我穿着一件漂亮的新衣服出门了,心里特别高兴。可是意想不到的事情发生了……

……

穿上这件新衣服虽然使我变得好看多了,但是它给我带来的难堪更使我不愉快。

范文一

新衣服

今天天气晴朗。早晨,我穿着一件漂亮的新衣服出门了,心里特别高兴。可是意想不到的事情发生了。

我一个人在大街上走,心情很好。可是,我突然发现从我身边经过的人都会回头看我一眼。当时我就想:我本来就长得不错,穿上这件新衣服后"回头率"马上就增加了不少啊。我很开心,走着走着,我觉得回头看我的人有一些不对劲,他们为什么会奇怪地笑呢?我有点儿不知所以,就这样回到了家里。

回家以后,我把路上的经历告诉了我的妹妹,她马上笑得连腰都直不起来了。过了一会儿,她很严肃地对我说:"你这件新衣服的标签儿没有摘下来。"瞬间,我有一种掉进地狱的感觉,心里想:世界上只有我一个人该多好啊!

穿上这件新衣服虽然使我变得好看多了,但是它给我带来的难堪更使我不愉快。

 范文二

新衣服

今天天气晴朗。早晨，我穿着一件漂亮的新衣服去上学，心里特别高兴。可是意想不到的事情发生了。

我今天特意走路去上学，想让行人看看我的样子。这件新衣服是名牌，是"巴宝莉"的，这个牌子我很喜欢。快到学校了，我真想早点儿给朋友们看看。我心中雀跃不已。

到了学校，在教室里，我看见荒木在黑板旁边。他一看见我，就发现我穿着新衣服。他说："这件衣服很好看啊！是不是新的？""是新的，昨天买的。是'巴宝莉'的。"然后，我一见到同学，就告诉他们我的衣服是"巴宝莉"的。

接着，我碰到了坂田。我也向她展示了我的新衣服："是'巴宝莉'的，很贵的！"她说："真漂亮啊！我好羡慕你啊！"我满意地笑了。突然，她叫了起来："哎，这件衣服不是"Burberry"的，是"Bouberry"的！字母写错了！是不是假货啊？"我大吃一惊，赶紧看了看领子上的商标，上面写着"Bouberry"。"Bouberry"是什么？我要买的是"Burberry"啊！我恨不得赶快回家。荒木、莲池，其他同学都围在我旁边笑了起来。

穿上这件衣服虽然使我变得好看多了，但是它给我带来的难堪更使我不愉快。

第五课 新 衣 服

思路图

通过对范文的学习，我们可以总结出根据开头结尾进行补写的要点，就是要发挥想像，把事件的原因、过程、结果写清楚，并且要使所写部分与开头、结尾很好的连接起来。如下图所示：

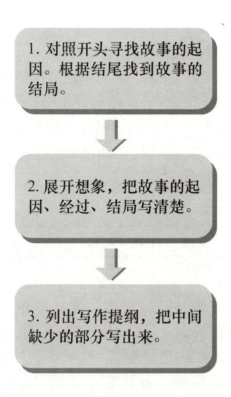

大家要根据提供的开头结尾，结合生活实际进行合理的想像进行补写。补写时可以根据以下方面进行补写：想清事情的起因；想清事情的过程（发挥想像进行环境描写、人物动作描写、心理描写、对话描写）；故事有什么样的结局。

045

写作训练室

一、选词填空。

> 真　本来　有点儿　当时　也

昨天晚上在学校大礼堂举行了迎新晚会，＿＿①＿＿气氛特别热烈：有歌曲、舞蹈、杂技、魔术，还有中国的传统节目京剧和相声。我们班＿＿②＿＿有一个节目——合唱《甜蜜蜜》。玛丽＿＿③＿＿要参加的，可她身体＿＿④＿＿不舒服，只好在宿舍休息。今天，她听到同学们说节目既丰富又精彩，心想："我没参加这次晚会，＿＿⑤＿＿遗憾啊！"

> 特别　马上　特意　赶紧　接着　恨不得

昨天吃晚饭的时候，妈妈突然问我："你现在最想要什么？"＿＿①＿＿她又对我说："明天是'六一'儿童节，我带你去商场买件新衣服，当作礼物送给你。"我听了＿＿②＿＿高兴。睡前我还＿＿③＿＿定了闹铃，好让它今天早早地叫醒我。可是我太兴奋了，昨晚怎么也睡不着，＿＿④＿＿儿童节＿＿⑤＿＿就到。今天早上闹铃一响，我就＿＿⑥＿＿从床上爬起来。刷完牙，洗完脸，吃完早饭后，我拉起妈妈的手就往外跑。妈妈急了："慢点慢点，我还没带钱呢！"

二、把下列词语按照正确的顺序连成句子。

1. 笑　起来　腰　他　不得　都　了　连　直

第五课 新衣服

2. 大 很 房间 虽然 不 干净 但是

3. 就 我 一 回国 放假

4. 的 坐 中国 是 飞机 来 我

5. "阿迪" 的 这双 不是 鞋子 "耐克" 的 是

三、读下面这篇短文,为甲、乙、丙三人各写一句话,要求与上下文符合,看谁写的最有新意。

某公司招聘一位管理人员,经过反复挑选,甲、乙、丙三人获得最后的面试资格。三人依次而入,经理问:"一个人吃饭后洗碗,水很烫手,该怎么办?"

甲答:_____

乙说:_____

丙沉思了一下,说:_____

丙最终被录用了。有好奇的人问经理为什么选择丙,经理笑着说:"洗碗这件事虽然很小,但能以小见大。甲没有时间观念,乙没有成本意识,只有丙熟悉环节又善于借物,是最佳的人选。"后来丙果然没有辜负大家的期望，工作完成得非常出色。

四、作文练习。

下面给出了一个故事的开头和结尾部分，请根据开头和结尾把故事补充完整。

旅　　行

我背着旅行包，手里拿着一张火车票，高高兴兴地来到了火车站。我终于可以实现去云南旅行的梦想了。可是刚到火车站……

_____

_____

_____

_____

_____

_____

我做梦也没想到这次我竟然会来到另外一个城市。

写作修改室

一、请阅读下面的学生习作，并修改文中不正确的语句。

新 衣 服

今天天气晴朗。早晨，我穿着一件漂亮的新衣服去上学，心里特别高兴。可是意想不到的事情发生了。

今天和女朋友约好一起去吃晚餐。下课后，我和女朋友见面了开心地聊天了，然后我们一起去高级西餐馆。我打算了在那儿向她求婚。餐

第五课　新衣服

馆里真好的气氛，洋溢着愉快的空气。看来，她也好像很高兴。

吃完饭后，我越来越紧张。求婚的时刻来了！我从口袋里拿出了一个戒指来，说"我，我……"那时我突然听见一个人在叫着什么，回头一看。**他向我说："服务员！服务员！"**我感到很奇怪，同时还发现，我的衣服和那家餐馆服务员的制服差不多。这时，我又听到另一个客人说："为什么那个服务员在这儿吃饭？"

我觉得很不好意思，就带着女朋友走去回家。

穿上这件衣服虽然使我变得好看多了，但是它给我带来的难堪更使我不愉快。

（德国学生习作，略有修改）

1. 下课后，我和女朋友见面了开心地聊天了，然后我们一起去高级西餐馆。

2. 我打算了在那儿向她求婚。

3. 餐馆里真好的气氛，洋溢着愉快的空气。

4. 他向我说："服务员！服务员！"

5. 我觉得很不好意思，就带着女朋友走去回家。

_____

_____

二、互动游戏：下文中有五处不正确的地方，请和你的同学比比看，看谁找得快，看谁改得好。

新 衣 服

今天天气晴朗。早晨，我穿着一件漂亮的新衣服去上学，心里特别高兴。可是意想不到的事情发生了。

早上，天气非常好了。好天气和新衣服让我很高兴。在那样的天，早饭和午饭特别好吃。对朋友们也特别宽容。

但是，中午天气转阴。马上就要下雨了，我着急地从食堂往教室跑。可是还没等我跑到教室，到底下雨起来了。我的新衣服马上就湿透了。心里一下子消沉。唉，真倒霉！更糟糕的是，就在我经过教学楼一楼大厅里摆放着的一面镜子前时，我竟然看见了我的内衣，蓝色的。我的天啊！上课时，我听见后面的同学不时发出笑声，我恨不得赶快回家。整个下午我的心情糟很，晚饭时，也觉得饭不那么好吃了，还对朋友们乱发脾气。

穿上这件衣服虽然使我变得好看多了，但是它给我带来的难堪更使我不愉快。

（格鲁吉亚学生习作，略有修改）

请将你改正后的句子写在横线上。

1. _____

_____

2. _____

_____

第五课 新衣服

3. _____

4. _____

5. _____

6 善良的妈妈

(写人记叙文)

写作要点

写人记叙文中的相貌描写和叙述都是为了表现你写的这个人的特点。这一课我们将主要学习怎样描写人的外貌。人的外貌包括人物的长相（如五官等）、身材（高、矮、胖、瘦）和表情（喜、怒、哀、乐）。在这一课里，我们还将学习怎样把写人和记事结合起来，做到叙述、描写、抒情相结合。

范文展示

在我们的生活中，我们最难忘的人是谁呢？这个问题可能很好回答，但是如果让你写下来，恐怕就有点儿困难了。该怎样生动地描写一个人的外貌和行为呢？下面我们就来一起学习。

请仔细阅读下面的两篇范文，思考并回答以下问题：

1. 作者要写的是一个什么人？

2. 他（她）给作者留下的印象如何？（比如说相貌、性格等）

3. 文章写了他（她）的几件事情？

4. 作者对他（她）有着什么样的感情？

第六课 善良的妈妈

 范文一

善良的妈妈

妈妈,一个多么让人感到温暖的词语。每当我想起我的妈妈,一股暖流就涌上心头。

她中等个子,身体很结实,虽然已经四十多岁了,可是见过我妈妈的人都说:"你妈妈的眼睛真美。"是的,我的妈妈或许不是很漂亮,但她却有着一双明亮的大眼睛,给人的印象很深。俗话说:"眼睛是心灵的窗户。"看到这双明亮的眼睛,你就知道我的妈妈有一颗善良的心。

妈妈很善良。记得小时候,有一天,我们一家去动物园玩儿。其中有一个娱乐项目叫做"山羊拉车"。一头怀孕的山羊拉着一辆小车,小孩坐在车上玩儿,一元钱一次。那天正好是"六一"儿童节,动物园的生意好得不得了。老板一会儿工夫就赚了不少钱,但是那只可怜的山羊,快要做妈妈了,却不得不被迫拉着沉重的车,一圈一圈地给主人赚钱。不懂事的我也叫嚷着要去坐"山羊车",回头却看见妈妈的眼睛里噙满了泪花。她轻轻地说:"我们不坐,山羊要做妈妈了,不能累坏了她。"说完,我的妈妈走到老板跟前,大概是和他商量什么,只记得妈妈从兜里掏出了一些钱,山羊的主人很不情愿地结束了这个游戏。也许是因为妈妈的诚恳打动了他。

回家的路上,妈妈说:"山羊和我们一样,有妈妈,有宝宝,我们都要爱护她。"现在我已经长大了,但这句简单

的话却深深刻在我的心里。这就是妈妈给我人生的最大财富——一颗金子般善良的心。

 范文二

我的同学——宋福

我的同学宋福，是一个英俊而可爱的德国小伙子。他高高的个子，宽宽的肩膀，远远看去简直就是一个身材标准的男模特。特别是他那双蓝蓝的眼睛，清澈得像一潭湖水。走在中国的大街上，就连老太太都会多看他两眼。

因为宋福长得太像电影明星了，所以他走到哪儿，大家都不由得想和他聊两句、合个影。中国朋友说："宋福，你的中文名字起得真好，给我们送来好福气。"每次听到这样的夸奖，宋福就得意扬扬地说："这得谢谢我的汉语老师，是她给我取了一个吉祥的好名字。"

别看宋福的汉语现在说得这么好，刚来中国时，可闹了不少笑话。有一天他身体不舒服，向老师请假："老师，我背子疼，不能上课了！"老师说："被子疼？是冬天盖的被子吗？被子怎么会疼呢？"旁边的同学也觉得莫名其妙。宋福没办法了，只好用手指指自己的背，哦，原来是背疼。老师笑着说："你怎么把'背'叫做'背子'呢？"宋福不好意思地一边比画一边说："我只知道这叫'肚子'，这叫'脖子'，就以为这就叫'背子'了。"听了他的解释，大家都哈哈大笑了起来。从那以后，宋福学习汉语可努力了。他说，学习汉语可不能全靠猜，一定要下苦工夫。

这就是我们眼中的宋福，我们都喜欢他。

第六课 善良的妈妈

思路图

通过范文的学习,我们可以总结出写人记叙文的一般结构和写作要点。如下图所示:

> 1. 所描写的人的大概情况
> 他(她)是什么人;他跟你的关系;年龄、相貌等;性格特点①、②……

> 2. 性格特点①让你联想到的他(她)的一件事儿或两件事儿。

> 3. 性格特点②让你联想到的他(她)的一件事儿或两件事儿。

> 4. 你对他(她)是什么样的感情?喜欢,讨厌还是敬佩?

注意,描写人物外貌时要按照一定的顺序写他(她)最有特点的地方。一般先概括主要特征,再进行具体描写;脸部描写从上往下写。

055

描写人物时的常用词语：

	男性	女性
个子	高大、中等、矮	高、中等、矮
身材	瘦小、胖、魁梧	苗条、纤细、胖
脸庞	英俊	漂亮
脸型	国字脸、四方脸、长方脸、尖脸	苹果脸、鸭蛋脸、瓜子脸、娃娃脸
脸色	红润、红扑扑、白净、苍白、黝黑	
发型	（剪着）短发、（剪着）平头、（蓄着）分头、（留着）长发、（烫着）卷发	（留着）齐耳短发、（留着）披肩长发、（扎着）马尾、（烫着）卷发
发色	乌黑、棕色、金黄色	
眉毛	浓黑、细长	细长、柳叶眉
眼睛	双眼皮、单眼皮、炯炯有神、浓眉大眼、锐利	双眼皮、单眼皮、明亮美丽、水汪汪
鼻子	又高又直、尖尖的、高高的、挺直	小巧、微翘、塌鼻梁
嘴巴	棱角分明	红润、樱桃小嘴

描写人物外貌时的常用句式：

格式	例句
1. AA 的	① 他高高的个子，宽宽的肩膀。 ② 她头发短短的，皮肤白白的。
2. 又……又……	① 眼睛又大又圆。 ② 鼻子又高又直。
3. ……V 着 + 数词 + 量词 + ……的名词	① 鸭蛋脸上长着一双明亮的眼睛。 ② 他长着一张小小的嘴巴。
4. 像……似的	她的脸很可爱，像个红苹果似的。

写作训练室

一、用所给的词语填空。

1. 王老师是我们班的综合课老师。他＿＿①＿＿身材，＿＿②＿＿

第六课　善良的妈妈

的脸庞上长着一双____③____的大眼睛。(炯炯有神、中等、英俊)

2. 张芳____①____的个子，____②____上长着两道____③____的柳叶眉，眉下有着一双____④____的大眼睛，还有一张红润的小嘴。她常常梳着一条长长的____⑤____。(瓜子脸、马尾辫、高高、细长、明亮)

3. 我的哥哥身材____①____，一头____②____的自然卷，谁见了都会以为他是在理发店烫的。(黑黑、矮小)

二、把下列词语按照正确的顺序连成句子。

1. 见到　初中　第一次　王老师　的　我　时候　在　是　入学

2. 新环境　因为　来到　又　害羞　我们　害怕　又

3. 站在　微笑　她　着　迎接　门口　我们

4. 母亲　她　一样　慈祥　像　让　放松　觉得　我们　很

5. 英语课　偷偷　手机　在　我　玩儿　上

6. 抬起头　生气　发现　看着　我　王老师　地　正在　我

7. 目光　低下了头　严厉　非常　她　我　的

三、命题作文

以《我的×××》为题,介绍一位你身边的人。

写作修改室

一、请阅读下面的学生习作,并修改文中不正确的语句。

我的姐姐

我有一个姐姐,叫幸乃,今年二十五岁。她中等的个子,脖子比较长,头发黑黑的,皮肤白白的。**她的鸭蛋脸上有眼睛又大又圆,鼻子不大不小的。她的嘴唇非常有性感!** 可是她不喜欢自己的单眼皮,**因为在我们国家,双眼皮还受欢迎。**

她非常喜欢音乐。**从3岁的时候,她就学习弹钢琴。** 她在小学、初中、高中的课外学习了吹小号、长号和黑管,现在她还在乐队里吹黑管。从这些事就能看出她是个很有好奇心的人,也是个很努力的人。但是,她完全不善于做家务活儿,做菜、打扫卫生都做得不太好。

她很和善。在我向她倾诉我的烦恼——比如升学、恋爱和交朋友等等问题的时候,她也显得很苦恼,就像对待她自己的问题一样。

她是我姐姐,也是最好的我的朋友。 我非常喜欢她。

(日本学生习作,略有修改)

1. 她的鸭蛋脸上有眼睛又大又圆,鼻子不大不小的。

   _____

   _____

2. 她的嘴唇非常有性感!

   _____

   _____

第六课　善良的妈妈

3. 因为在我们国家，双眼皮还受欢迎。

　　_____

　　_____

4. 从3岁的时候，她就学习弹钢琴。

　　_____

　　_____

5. 她是我姐姐，也是最好的我的朋友。

　　_____

　　_____

二、互动游戏：下文中有五处不正确的地方，请和你的同学比比看，看谁找得快，看谁改得好。

我最爱的人

　　妈妈今年60岁了，她中等身材，鸭蛋脸，两道浓黑的眉毛，身体还算硬朗。

　　我的妈妈是一个既严厉又幽默的人。从小到大，我常常挨妈妈骂，我做的所有的事妈妈都不满意。我做好的，妈妈不称赞，但是做不好就会被她骂。有一次我跟我朋友去玩儿，回去一点晚，被她骂。她说："你是一个女孩儿，不能回去晚，这样是很危险。"那时候，我觉得妈妈不爱我。但是，现在我长大了，才懂得，妈妈对我那么严格是因为爱我。她对我严格只因为我是一个女孩儿。

　　尽管她是一个严厉的人，但是有时候也很幽默。虽然已经60岁了，可她还喜欢开玩笑。我还记得有一次，她对我说："明天妈妈会给你500块，你要买什么东西就买吧！"我心里很高兴。第二天，我等了半天还没看到她给我钱。我就问她："昨天妈妈说给我钱，为什么今天还没给我呢?"妈妈回答:"为什么妈妈要给你钱啊?昨天是4月1日。"这时我才记出4月1日是愚人节,所有的话不成现实。我真傻!

　　这就是我严厉而幽默的老母亲,我们全家都很喜欢她。

(越南学生习作,略有修改)

请将你改正后的句子写在横线上。

1. _____

2. _____

3. _____

4. _____

5. _____

7 中国人的温暖

（写事记叙文）

 写作要点

写事记叙文是记叙文的一种，写这类记叙文时，一定要注意记叙完整。一件事情，应该有时间、地点、人物、事情的起因、经过和结果这六个要素，只有把这些都写清楚了，文章才明白易懂。

记叙一件事情，我们可以按照事情发展的先后顺序写，先发生的先写，后发生的后写。

另外，本课我们还要学习一些表示时间的词语和句式。

范文展示

在我们的生活当中，总会有一些令人难忘的事情，或者令人感动，或者让人发笑，都深深地留在我们的心底。快把这些故事写出来吧，让大家一起分享。

请仔细阅读下面的两篇范文，思考并回答以下问题：

1．"我"写的这件事发生在什么时候？什么地方？

2．在这篇文章中，主要有几个人物出现？他们是什么关系？

汉语综合写作教程

3. 请你用几句话来叙述一下文章中的这件事。（按照起因、经过、结果的顺序来叙述）

4. "我"对这件事有什么感受？

 范文一

中国人的温暖

　　我最难忘的是一个普通的中国农民。那时我刚来中国，和朋友古力到广西桂林去旅游。我们约好了在桂林远郊的古榕镇见面。从地图上看，这个小镇离桂林不太远。听说路上的风景也很美，于是我放弃了坐车，选择徒步旅行。刚开始天气还不错，可没想到，过了不久就下起了暴雨。我越走越糊涂，在暴雨中转了很长时间，才发现自己迷路了。我不敢乱走了，只好蹲在路边的土坡下躲雨。古力一定很着急，可是在这样的天气，连手机的信号都没有了。

　　正当我蹲得腿都发麻的时候，终于看到一个年轻的农民走过来。他打着一把破旧的大雨伞，浑身都快淋湿了。我像看到救星一样跑过去，结结巴巴地问古榕镇在哪儿。他奇怪地看了我一眼，大声说："错了，错了。"可是往哪儿走呢？他对着地图比画了半天，我还是不明白，只知道自己走错路了。怎么办呢？我想请他带路，但是这么大的雨，而且这个农民还是个残疾人——他的左手掌没有了，所以刚才只能用右手给我在地图上指路。

第七课 中国人的温暖

我正犹豫着,那个农民好像看出了我的苦恼,说:"我陪你一起去吧。"太好了,我拼命地点头:"谢谢!谢谢!"雨越下越大,我跟着他在大雨里往前走。他不会说英语,我也不大会说汉语,所以一路上我们只能说"这边、那边、走、不远了"这些简单的话。最令我感动的是,由于路太滑,他的左手又不太方便,好几次他都快要摔倒了,但却一点儿也没有不高兴的样子。虽然天气很糟糕,但我的心情却越来越好,因为有这个善良的中国农民做我的向导,还有什么好埋怨的呢?

不知道走了多久,终于到达了古榕镇,古力已经着急地跑到镇口来接我了。我们大声地感谢这位中国朋友,他只是笑着摆摆头。古力热情地要和他握手致谢,他慢慢地伸出左手,用没有手掌的手腕和古力握了一下。这时,古力才发现这位带路人是一个残疾人,他和我一样深深地被感动了。我们一再邀请他一块儿吃饭,甚至提出要给他一些报酬,但都被他微笑着拒绝了。

那个年轻的农民走了,我们不知道他的家在哪里,也许就在这古镇附近,也许离这儿很远,但是他却使我感到了中国人的温暖。

范文二

第一次去海边钓鱼

我很喜欢钓鱼,钓鱼的感觉比吃鱼更好。周末一下班,我就扛上钓鱼用具去我家附近的汉江边钓鱼。每当朋友们

问我钓了多少鱼的时候,我经常回答说:"我不是去钓鱼,而是去钓快乐。"老实说,我钓鱼的技术不怎么好,但钓鱼让我感到心情愉悦,再说还可以欣赏风景呢。

有一天,我的好朋友说她舅舅家在海边,有时间的话,一起去钓鱼。我毫不犹豫地答应了,到了周末我们就出发了。她舅舅家里的每个人对我都很热情,她舅妈为我们准备了丰盛的食物,她的表哥则帮我们准备钓鱼用具。凌晨,我们向海边出发,我很兴奋,因为这是我第一次去海边钓鱼。

到海边时,火红的太阳刚从海面升起,海水和天空都被染成了红色,这样的风景别提多美了。我更加兴奋,选择了比以前更长更粗的渔竿,想在朋友面前显示一下我的钓鱼技术。海滩很滑,我把鞋脱掉,大声对朋友说:"今天景色真美,看着吧,我一定能钓到大鱼!"然后我用尽全力,甩出渔竿。谁知脚下一滑,我和渔竿一起摔到海里去了。因为我不会游泳,所以很惊慌,多亏朋友的表哥把我救上岸来。这时我的全身都被泥巴弄脏了,变成了一个"泥人"。我哭笑不得,朋友和她表哥赶紧用海水帮我冲身上的海泥。我觉得在朋友面前很没面子,她也忍不住笑了起来,开玩笑说:"不是你来钓鱼,而是鱼来钓你了!"我穿着一身脏兮兮的衣服,既没心情看风景,更没心情钓什么大鱼了。大家只好往回走。

我第一次去海边钓鱼的经历,就这样"痛苦地"结束了。虽然当时很烦恼,但是现在回想起来,却让我觉得很有意思,毕竟不是每个人都有这样"被鱼钓"的经历呀。

(韩国学生习作,略有修改)

第七课 中国人的温暖

🐶 **思路图**

通过范文学习，我们可以总结出写一件事情的记叙文的结构安排，如下图所示：

```
┌─────────────────────┐
│ 1. 用简单的几句话交代为 │
│    什么要写这件事：痛苦、│
│    难忘、有趣、委屈……  │
└─────────────────────┘
           ↓
┌─────────────────────┐
│ 2. 叙述事情的经过：包括 │
│    时间、地点、人物、起因、│
│    过程……             │
└─────────────────────┘
           ↓
┌─────────────────────┐
│ 3. 交代事情的结果，最后 │
│    可再次点题。        │
└─────────────────────┘
```

表示时间的常用句式：

格式	例句
1. 上午……中午……下午……晚上（夜里）……	我今天很忙，上午去上课，中午和朋友一块吃饭，下午参加足球比赛，晚上还要写作业。
2. ……之前 ……之后	吃饭之前，一定要记得洗手。吃完之后，把自己的碗筷放好。
3. 以前/过去 …… 以后/现在 ……	以前，我特别喜欢旅游。那次事情发生以后，我爱上了摄影。
4. 开始……后来……	开始我还很高兴，可后来我发现有点儿不对劲儿。

续表

格式	例句
5. 那是……的时候，……	那是我读小学六年级的时候，家里来了一位客人。
6. 正当……的时候，……	正当我蹲得腿都发麻的时候，忽然看到一个年轻的农民走过来。
7. 只要一看到 / 每当我……，我就会想起……	只要一看到这张照片，我就会想起小时候的那件事情。

写作训练室

一、用括号里所给的词语完成句子。

1. _____，你却不知道。
（连……都……）

2. 他看见我却不跟我打招呼，_____。
（像……一样）

3. _____，飞机改在两个小时以后起飞。（由于）

4. 最近我很忙，身体也不太好，_____
_____。（因此）

5. 妈妈既不会骑自行车，_____。
（更）

第七课　中国人的温暖

二、选词填空。

> 已经　之前　正当……的时候　从来　立刻　现在　以后

　　这是一个关于著名科学家斯蒂文·格伦的故事。两岁时，格伦试着从冰箱里拿出一瓶牛奶。谁知瓶子太滑，掉在地上，牛奶全洒了，厨房地板上____①____成了一片牛奶河。____②____他很害怕____③____，妈妈来到厨房，没有责备，更没有惩罚。相反，她说："格伦，你做了多棒的垃圾，我____④____没有见到过这么大的一滩牛奶呢。我想，既然____⑤____这样了，儿子，你愿意在我们打扫____⑥____在奶河里玩一会儿吗？"当然，他这样做了。玩了十几分钟后，妈妈和蔼地说："____⑦____，我们该打扫卫生了。我们可以用海绵、拖把或者抹布。你喜欢用哪种呢？"小格伦选了海绵，和妈妈一起收拾了地板上的牛奶。

　　干完____⑧____，妈妈又说："今天我们做了一个失败的尝试，没能让你的小手抓住这个大牛奶瓶子。我们现在到院子里去，给这个瓶子装满水，看看你能不能发现抓得住、掉不了的诀窍。"小格伦很快就发现，只要他两手握紧靠着瓶嘴的那部分，瓶子就不会掉了。

三、限定作文。

　　请使用括号中的词语，再加上一些必要的词语完成句子，使文章完整连贯，注意要给每个句子加上适当的标点符号。

追　求　者

　　我的妈妈是一位舞蹈演员，虽然已经快50岁了，可是由于平时保养得好，所以看起来像30多岁的年轻女士一样精神、好看，因此，她总是很自豪。

　　一天，妈妈和朋友们一起到有名的玉峰山森林公园游玩。

　　玩累了，（1）_____
（坐/休息/喝/矿泉水）

这个时候，(2) ＿＿＿＿＿＿＿＿＿＿＿＿＿＿＿＿＿＿＿
(发现/20多岁的小伙子/站/远处/不停/看)

开始，妈妈以为那个小伙子在等人，可是过了很长时间，发现小伙子还站在那儿，很认真地看着她们。

朋友们和妈妈开玩笑："(3) ＿＿＿＿＿＿＿＿＿＿＿＿＿＿＿＿"
(不肯走/漂亮/看上)

妈妈心里乐滋滋的，但是嘴上却说："(4) ＿＿＿＿＿＿＿＿＿
＿＿＿＿＿＿＿＿"（别/玩笑/怎么/看上/老太太）

太阳快下山了，妈妈和朋友们收拾好东西往公园大门走去。

可是，(5) ＿＿＿＿＿＿＿＿＿＿＿＿＿＿＿＿＿＿＿。
(无论/妈妈/哪里/小伙子/跟着)

妈妈觉得很不好意思，对小伙子说："你走吧，我们要回家了。"

小伙子脸红了，微笑着说："女士，请把你们手里的矿泉水瓶子给我好吗？我是回收垃圾的。"

四、命题作文

以《一件××的事》为题写一件让你难忘、幸福、痛苦或者快乐的事情。

写作修改室

一、阅读下面的学生习作，并修改文中不正确的语句。

我和中国

我家和中国有很多联系。你知道吗？我的爸爸和妈妈就是在中国认识的。他们回去日本后，就结婚了。我上小学二年级的时候，第一次来中国，去了上海、南京和北京。回想当时，我可一点儿也没想到以后会来中国学习汉语。那个时候中国的发展比现在不那么快，所以上海甚至没有麦当劳、肯德基这样的店，更别说漂亮的浦东机场了。从小学生的观点来看，除了饮食方面以外，中国并没有太大的吸引力。

第七课 中国人的温暖

  不过，我上高中一年级时，跟一个旅行团来了一次中国。这次旅行改变了我对中国的看法。那次旅行的目的地是中国的黄土高原，我们在那儿植树，让我吃惊的是中国的城乡差别那么大。在中国，城市人的生活跟日本人的生活差不多，比如说他们都有汽车、家用电器，喝可口可乐、雪碧，吃西餐等。可是乡下人甚至没有冰箱、电视，吃的东西也只有白菜、玉米等。这到底是怎么回事？我对这个问题很感兴趣，所以从那个时候起，**我决定上大阪外国语大学学习汉语，为了在中国的城乡差别。**

  今后我打算做跟中国有关的工作，比如说，NGO、NPO、联合国委员会等等，所以现在我要好好学习汉语，这样才能实现我的愿望。

（日本学生习作，略有修改）

1. 他们回去日本后，就结婚了。

2. 那个时候中国的发展比现在不那么快。

3. 从小学生的观点来看，除了饮食方面以外，中国并没有太大的吸引力。

4. 不过，我上高中一年级时，跟一个旅行团来了一次中国。

汉语综合写作教程

5. 我决定上大阪外国语大学学习汉语，为了在中国的城乡差别。

_____

_____

二、互动游戏：下文中有五处不正确的地方，请和你的同学比比看，看谁找得快，看谁改得好。

童年趣事

据妈妈说，我小时候很调皮。其实，我觉得每个小孩儿都会做出大人想象不到的事情。当我是父母唯一的孩子时，享受着独生子女的权利，还比较乖。但是过了不久，家里又出现了一个娃娃——我可爱的弟弟。妈妈的疼爱好像都转到给他了。所以，我不喜欢弟弟，总是欺负他。比如偷他的奶瓶，不是藏起来，而是自己在他面前喝掉（所以小时候我挺胖的）。可是我弟弟只用无辜的眼神看着我，不知道为什么，我欺负他的时候，他从来没哭过，总是认真地看着我，偶尔微笑。虽然我有点儿内疚，但还是放不过他。有一次，想了坏主意，给他穿我的衣服。因为我知道小孩儿不喜欢穿衣服，不方便，我也一样，所以以为会让他生气，但他只是安静地躺着，不发出任何声音。真拿他没办法，什么手段都无济于事。后来我们长大了，变成了朋友，我为我过去的行为道歉他。但是他说不记得我对他那么残忍了。可我还是感谢他的宽容，因为不是每个孩子都受了。他不愧是我的好弟弟！

（俄罗斯学生习作，略有修改）

请将你改正后的句子写在横线上。

1. _____

_____

第七课 中国人的温暖

2. _____

3. _____

4. _____

5. _____

8 可爱的大熊猫

（事物说明文一）

写作要点

说明文是客观说明事物或者解释某种现象、原因的一种文体，目的在于给人以知识。说明文分为事物说明文、程序性说明文和事理说明文。

事物说明文以具体事物为说明对象，将事物是"怎样的"作为说明重点。本课是一篇事物性说明文，介绍了中国国宝大熊猫的外貌、习性、生存现状等诸多方面。在本课中，我们学习写作介绍动物的说明文。

范文展示

人类在地球上不是孤独的，因为在我们的地球上生活着各种各样的动物。有的动物非常可爱，有的却让人害怕。很多国家都有自己特有的动物，比如说中国的大熊猫、澳大利亚的袋鼠等。你们国家有什么特有的动物吗？给大家介绍一下吧。

请仔细阅读下面的两篇范文，思考并回答以下问题：

1. 文章介绍了一种什么动物？

2. 它大概长什么样子？

3. 文章介绍了这种动物的哪几个方面？

第八课 可爱的大熊猫

4. 这种动物现在的情况怎么样?

范文一

大熊猫

大熊猫是中国特有的一种动物,它非常珍贵,现在野生的大熊猫只有一千多只,是中国的一级保护动物。

大熊猫长得非常可爱。它的身材看起来像熊,头圆圆的,尾巴短短的,全身长着厚厚的毛。除了四肢、耳朵和眼圈是黑色的之外,身体其他部分都是白色的。

在中国四川、陕西,温暖、潮湿的深山是它们生活的好地方。新鲜的竹子是它们最喜欢吃的东西,所以大熊猫也被称为"竹熊",但它们偶尔也会吃肉。大熊猫不像狮子、鹿等动物喜欢聚集在一起生活,它总是独来独往,是一种独居动物。它一次能生一至两个孩子,但是通常大熊猫妈妈只会养其中的一只,另一只会自然死亡。

随着工业的发展,人类活动频繁,大熊猫的生存环境越来越差,大熊猫的数量逐年减少,现在已成为一种濒临灭绝的动物。人类已经开始进行各种研究,采取各种措施来保护这种可爱的动物。

范文二

大 象

  大象是陆地上体形最大的动物。按照体形特征，我们把它们分成了亚洲象和非洲象两类。前者主要生活在东南亚地区，如印度、泰国、越南、柬埔寨、中国的云南等；后者主要生活在非洲大陆上。

  大象一般体长7~9米，身高可达4米多，体重一般5吨，也可达到7吨半。大象毛发稀少，皮肤为灰色。它的头非常大，而且长着一对像扇子似的大耳朵。最引人注意的是它们又长又软的鼻子。鼻子的长度几乎可以和身体一样长。它的鼻子就像人类的手一样，非常灵活，大象吃东西、洗澡、对付敌人都靠它。大象鼻子的末端还长着一对长长的白牙齿。由于大象体型巨大，它的四肢也非常强壮，像四根大柱子似的。

  大象生活于热带雨林、丛林或草原地带。大象是食草动物，以野草、树叶、竹叶、野果为食，常在早上或黄昏出来找东西吃。大象是一种群居动物，象群的首领担任保护象群的任务。大象是一种情感丰富、讲究团结的动物，

第八课 可爱的大熊猫

一旦有一只大象遇到危险,其他的都会来帮助它。如果有一只象死亡,象群会围在它身边不愿离开,还会对敌人进行报复活动。

由于环境的不断恶化,大象的数量逐年减少。我们应该行动起来保护这种可爱的动物。

思路图

通过范文的学习,我们可以总结出介绍动物的说明文的一般结构和写作要点。如下图所示:

1. 简单介绍这种动物(是哪个国家的什么动物)。

2. 它的样子(写出它的特征):体形、皮毛、四肢、耳朵、牙齿、爪子、尾巴等。

3. 它的生活习性(主要生活在什么地方、吃什么、活动规律如何、喜欢做什么)。

4. 它现在的情况怎么样(数量多不多、人类保护它们的情况怎么样)。

汉语综合写作教程

常用句式：

格式	功能	例句
……是……（之一） ……是最……的……	介绍动物	① 大熊猫是中国特有的一种动物。 ② 大象是陆地上体形最大的动物。
AA 的 + 身体部位 身体部位 + AA 的 身体部位 + 又……又…… 身体部位 + 长着 + 数量词 + 形容词 + 名词 身体部位 + 像……似的	描写动物的样子	① 大熊猫圆圆的头。 ② 大熊猫的尾巴短短的。 ③ 它的鼻子又长又软。 ④ 大象鼻子的末端还长着一对长长的白牙齿；全身长着厚厚的毛。 ⑤ 大象的四肢像四根大柱子似的。
……体长（达到）……，身高（达到）……，体重（达到）……	介绍体形	大象一般体长7~9米，身高可达到4米多，体重一般5吨，也可达到7吨半。
……生活在/生活于…… ……是……生活的地方	介绍生活的地方	① 大象生活于热带雨林、丛林或草原地带。 ② 温暖、潮湿的高山是它们生活的地方。
……最喜欢吃…… ……是……最喜欢吃的…… ……以……为食	介绍主要食物	① 蛇最喜欢吃各类鼠、鸟之类的小动物。 ② 新鲜的竹子是它们最喜欢吃的东西。 ③ 大象以野草、树叶、竹叶、野果为食。

写作训练室

一、选词填空。

> 在　为食　长达　以　似的　达到

蛇是一种很常见的动物，它的体形就像一根绳子____①____。它没有脚，可是一样行动自如。蛇一般生活____②____热带，有的在沙漠里生活，有的在水里、沼泽里生活。最长的蛇可____③____十几米，最重的可____④____几百公斤。蛇一般都____⑤____青蛙、鸟、鼠等小型动物____⑥____，也有大型的蛇捕杀其他大型的动物。

二、根据下面的图片完成以下任务。

长 颈 鹿

长颈鹿是非洲特有的一种动物。它身高可以达到6米，是陆地上最高的动物。

任务1：看上面的图片，描写一下长颈鹿的外形，尽量用上前面所给的句式。注意按照一定的顺序写。（可以用上这样一些词：花纹、脖子、角、尾巴）

_____

_____

_____

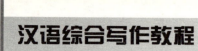

汉语综合写作教程

任务2：请使用括号中的词语，再加上一些必要的词语完成每个句子，使它们能够组成一篇完整的文章，给每个句子加上适当的标点符号。

(1) _____

_____

（非洲、大草原）

(2) _____

_____

（大树、树叶）

(3) _____

_____

（群居、十几头、生活）

(4) _____

_____

（敌人、奔跑、速度、快）

(5) _____

_____

（眼睛、耳朵、灵敏）

(6) _____

_____

（没有、声带、沉默）

由于长颈鹿体形独特，观赏价值很高，它被运往各个国家，供人们观看，是人们非常喜欢的一种动物。

第八课 可爱的大熊猫

三、作文练习。

介绍你熟悉的或者你们国家特有的一种动物。

写作修改室

一、阅读下面的学生习作,并修改文中不正确的语句。

我最喜欢的动物

人们常常说动物是我们的朋友,是我们的"弟弟"或者"妹妹"。人们喜欢的动物是各种各样的。有的人甚至喜欢别人怕的动物。

对我来说,差不多什么动物我都喜欢,可是在家里我只有猫。**我觉得猫是非常聪明的,可爱的,好玩儿的动物。**很多人说猫不喜欢他们的主人,只喜欢他们住的地方,都是我觉得不见得。比如说我的猫并不喜欢一个人在家里。虽然我们不在的时候她什么都可以做(想去哪儿就去哪儿;想做什么就做什么;想吃什么就吃什么),可是她在门口儿坐着等我们。我回来的时候她一定跟我说话。**她也不喜欢一个人在房间里,我们在家的时候她差不多总是跟我们一起。**她还喜欢在我的身上休息。**我做作业或者看书或者报纸的时候,她不让我看。**因为她只想让我看她,总是想让我跟她在一起。要是我没有时间跟她玩儿,她特别伤心。**很多我朋友们说我的猫好像我。**我怎么可能不爱她呢?

(乌克兰学生习作,略有修改)

1. 我觉得猫是非常聪明的,可爱的,好玩儿的动物。

2. 很多人说猫不喜欢他们的主人,只喜欢他们住的地方,都是我觉得不见得。

3. 她也不喜欢一个人在房间里，我们在家的时候她差不多总是跟我们一起。

4. 我做作业或者看书或者报纸的时候，她不让我看。

5. 很多我朋友们说我的猫好像我。

二、互动游戏：下文中有五处不正确的地方，请和你的同学比比看，看谁找得快，看谁改得好。

魔王松鼠

魔王松鼠是北欧的小啮齿动物之一。它们主要活动是在森林和公园。

魔王松鼠的体长到25～30厘米，它的尾巴蓬松，长到16～28厘米，超过体长的一半以上。它的后腿比前腿长，它可以用两个后肢站起来。它的皮毛是红黑色的，肚子却是白色的。

魔王松鼠主要生活在森林，它可以爬树，也可以跳4～5米远。跳的时候，浓密的尾巴可以帮它"驾驶"。

魔王松鼠几乎都吃：小鸟、鸟蛋、小动物、水果、果仁、球果什么的都吃。魔王松鼠是一种独居动物，只在每年二月的时候，它们才雌雄同居繁殖后代。

魔王松鼠的数量虽然不少，但是还是需要保护。因为它目前面临着

第八课　可爱的大熊猫

比它大的亚利桑那灰松鼠的威胁。原来亚利桑那灰松鼠生活北美，19世纪引进到英国。新来的灰松鼠和魔王松鼠的生活方式一样，灰松鼠却比它大和多。现在，在英国只有很少的地方还存在魔王松鼠。

　　1948年有一位意大利人觉得魔王松鼠很可爱，带了一对回意大利。没想到它们数量增长得很快。

（德国学生习作，略有修改）

请将你改正后的句子写在横线上。

1. _____

2. _____

3. _____

4. _____

5. _____

9 我的家乡

（事物说明文二）

写作要点

我们在写事物性说明文，从不同方面介绍一个事物的时候，注意要按照一定的顺序来写。一般可以按照从主要到次要的顺序写：先介绍最主要的性质特点，再依次介绍其他的性质特点。这一课我们就来学习如何从各个方面介绍自己的家乡。

范文展示

请仔细阅读下面的两篇范文，思考并回答以下问题：

1. 作者的家乡在哪儿？是一个什么样的地方？

2. 文章介绍了家乡的哪些方面？

3. 作者对家乡的感情怎么样？

第九课 我的家乡

 范文一

我的家乡

我的家乡在日本长野县。长野县位于日本的本州中部，是一个内陆县。因为地理位置的原因，她自古以来在发展过程中受到了东西方文化的双重影响。

长野县是一个自然资源非常丰富的地方。那里的森林非常多，因此空气比大城市新鲜得多。而且在长野县境内有几条大的河流，这些河流真的可算是清澈见底。我还记得小时候，爸爸妈妈常带着我和弟弟去河边玩耍。

长野还是有名的温泉之乡。那里的温泉很丰富，甚至有的家里拧开水龙头就会流出温泉。人们不用付钱就可以洗温泉。每天洗温泉有利于女性的美容和健康。我的一个朋友家里就有温泉，她从小到大每天都洗温泉，所以她的皮肤光滑细嫩。

除了这些自然资源之外，我还很喜欢家乡几个独特的祭祀。我最喜欢参加的祭祀是"大鼓祭祀"。在这个祭祀中，人们都打着鼓安慰亡魂。祭祀的最后一天，会放很多焰火。我很喜欢看焰火，每次看到美丽的焰火，就会让我觉得很激动。

你觉得我的家乡怎么样?还有好多我还没介绍呢!我读完高中考上大学以后,就离开了心爱的家乡。虽然大学所在的城市非常繁华、非常发达,可我常常思念我的家乡,因为那儿有我的爸爸、妈妈。还有一个原因,那就是我很爱我的家乡,她有说不完的美。我打算大学毕业后回家乡工作,也欢迎你到我的家乡来!

(日本留学生习作,略有修改)

韩国济州

我的家乡在韩国的济州。它位于韩国的南部,是韩国最大的一座岛屿,也是一个非常美丽的地方。

济州是一个火山喷发形成的岛屿。岛的中央是韩国最高的山——汉拿山,海拔1950米,这是一座死火山。因此,济州有很多因为火山喷发而形成的独特地貌,比如城山日出峰、龙头岩等等。还有济州的海,蓝得像宝石一样,风景十分迷人。

济州还有"三多"和"三无"。"三多"是石头多、风多、女人多。因为是火山岛,所以岛上黑黑的、多孔的石头到处都是,传统的房屋也是用它们来建造的。风多当然是因为它是一个岛屿。至于女人多嘛,可能是因为男人们都外出捕鱼或工作了,当然这是以前的情况。"三无"指的是房子没有门、没有小偷、没有乞丐。传统的济州房屋常常用三根木棍插在两个石桩中间表示门,而且木棍摆放

第九课　我的家乡

位置的不同还可以表示主人在家或是出门了。因为济州民风淳朴、生活富足，所以没有小偷和乞丐也不是什么奇怪的事儿。

除了风景迷人之外，济州还盛产各种水果和海鲜。济州的橘子可以称得上是水果中的上品。到了秋天，济州沿路都是橘园。金黄的橘子被运往韩国其他地方和国外。当然，到了济州你还可以尽情地享受海鲜的美味。

因为上述原因，济州是韩国著名的旅游胜地，很多韩国人把济州作为新婚旅行的首选地。很多家庭每年都来济州度假。虽然每天我开车上班都会经过同样的地方，但欣赏沿路的风景对我来说永远是一种享受。

思路图

通过以上范文的学习，我们可以总结出介绍家乡的说明文的一般结构和写作要点。如下图所示：

1. 大概介绍家乡（在什么地方、地理位置等）。

2. 她的特点（气候、资源、物产、名胜古迹、风俗习惯、活动等）之一。

3. 她的特点（气候、资源、物产、名胜古迹、风俗习惯、活动等）之二、之三……

4. 对家乡的感情（热爱、思念、难忘等）。

常用句式：

格式	功能	例句
我的家乡在……，是一个……地方 我的家乡叫……，是一个……地方	介绍家乡的大概情况	① 我的家乡在韩国的济州，是韩国最大的岛。 ② 我的家乡叫泸州，是一个非常美丽的地方。
它位于……	介绍地理位置	它位于韩国的南部。
……是有名的……之乡 以……闻名全国 ……盛产…… ……十分丰富 ……被称作……	介绍资源、物产、特点	① 泸州是有名的美酒之乡。 ② 长野以它的温泉闻名全国。 ③ 我的家乡盛产水果。 ④ 我的家乡旅游资源十分丰富。 ⑤ 我的家乡被称作"春城"。
首先……，其次……，最后…… 第一，……，第二，……，第三，…… 除了……之外，还…… ……不仅……，也……	介绍家乡的特点时要使用的联结词	① 首先我的家乡风景十分迷人，……其次它的物产非常丰富，……最后它还是一个拥有悠久历史的文化古城。 ② 第一，它气候非常好，四季如春。……第二，我的家乡盛产水果。……第三，它有丰富的旅游资源。 ③ 除了温泉之外，长野县还有丰富的森林资源。 ④ 我的家乡不仅景色美，特产也非常丰富。

写作训练室

一、把下列词语按照正确的顺序连成句子。

1. 飞机　比　慢　多　火车　得

2. 知道　甚至　他　哪儿　不　在　家乡

第九课 我的家乡

3. 没有　之外　去过　国家　日本　除了　其他　我

4. 海鲜　便宜　青岛　因为　所以　很　盛产　那儿　海鲜

二、选词填空。

其次　盛产　之外　位于　丰富　首先　以　除了　闻名　称作

我的家乡___①___中国的南部。___②___，我的家乡___③___风景迷人而___④___全国，它被___⑤___中国的夏威夷。___⑥___，它物产非常___⑦___，___⑧___各种水果、海鲜。___⑨___这些___⑩___，独特的民族风俗和热情的家乡人，每年都吸引着越来越多的游客来这儿旅游。

三、限定作文。

请使用括号中的词语，再加上一些必要的词语完成句子，使它们能够成为一篇完整的文章，注意要给每个句子加上适当的标点符号。

我的家乡

我的家乡在武汉，它是中国七大城市之一，是湖北省的省会，同时也是湖北的经济、文化、政治中心。由于地处交通要地，它被称作"九省通衢"。

（1）首先，_____

_____

（长江、汉江、交汇、分成、三部分、"武汉三镇"）

(2) _____

_____

（因此、称作、"江城"）

(3) 其次，_____

_____

（湖泊、众多、"百湖之市"、水产品、丰富）

(4) _____

_____

（历史悠久、名胜古迹、黄鹤楼、旅游）

(5) _____

_____

（各式各样、小吃、早点、丰富）

武汉的长江水养育了我，名胜古迹让我觉得自豪，武汉的小吃让我梦里都思念。欢迎大家来武汉玩儿，到时候我一定给你们当导游。

四、作文练习。

以《我的家乡》为题写一篇介绍性的说明文。

写作修改室

一、阅读下面的学生习作，并修改文中不正确的语句。

我的家乡

我的家乡在大阪的。大阪是日本的大城市。日本有一句话叫"东京人讲究穿，大阪人讲究吃"。所以在大阪，我们可以吃到又便宜又好吃

第九课 我的家乡

的东西。

大阪人很特别。**我们大阪人都是很幽默，但是我们也是很性急。**有人说，大阪人的走路的速度是在日本最快！我也这样觉得。

我住在的地方在大阪的南方——和泉市。和泉市是很好的地方。因为我家的附近很安静而且空气也很干净，所以我喜欢和泉市。

和泉市在届市的旁边。**我的奶奶从来住在届市和我的家族。**我出生以前他们就住在届市，所以那儿也是我家族的家乡。

我很喜欢大阪和大阪人。当然大阪有不太安全的地方，但是也有很多好玩儿的地方。

我想一直住在大阪，也希望大阪继续保持它的特色。

（日本学生习作，略有修改）

1. 我的家乡在大阪的。

2. 我们大阪人都是很幽默，但是我们也是很性急。

3. 有人说，大阪人的走路的速度是在日本最快！

4. 我住在的地方在大阪的南方——和泉市。

5. 我的奶奶从来住在届市和我的家族。

　　_____

　　_____

二、互动游戏：下文中有五处不正确的地方，请和你的同学比比看，看谁找得快，看谁改得好。

欢迎到我的家乡来

　　我的家乡是韩国的城市叫蔚山。蔚山在韩国的东南部，是一座工业城市。

　　蔚山是有名的旅游胜地。"蔚山十二景"是在蔚山最美丽的十二种风景。我想告诉你们"蔚山十二景"中的几个胜地。大王岩松林有一个很大的岩叫大王岩，还有一片松林。我们凌晨四点五点左右去那儿，能看到辉煌的日出。一个是泳滩。在蔚山有几个大的游泳场，夏天来了，很多游客来蔚山，在游泳场举行音乐庆典。全家人一起去游泳场玩水、游泳、看庆典、燃放爆竹的活动。还有一个是迦智山。迦智山有很清楚的四季，所以爬山的人每年越来越增加了。

　　如果你们有去韩国的机会，一定要去蔚山。蔚山的春夏秋冬都各有各的美丽。我们在蔚山见面吧！

（韩国学生习作，略有修改）

请将你改正后的句子写在横线上。

1. _____

　_____

2. _____

　_____

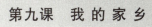

第九课 我的家乡

3. _____

_____

4. _____

_____

5. _____

_____

10 今天我下厨

(程序性说明文)

🐰 写作要点

程序性说明文,是介绍一个过程的,如介绍做菜的过程或者制作某种东西的步骤。学习这类说明文应该掌握"把"字句的用法和表示先后顺序、介绍步骤的词语。本课介绍做一种中国菜的过程。

([斯里兰卡] MANOJ·K)

第十课　今天我下厨

范文展示

很多人都爱吃西红柿炒鸡蛋，又好吃又好做。你会做西红柿炒鸡蛋吗？如果会的话，你能清楚地告诉同学们西红柿炒鸡蛋的做法吗？不会做的同学也不要着急，学完本课以后，你不但能学会西红柿炒鸡蛋的做法，还能教同学们做你的拿手菜呢！

请仔细阅读下面的两篇范文，思考并回答以下问题：

1. 文章介绍的是一种什么菜？

2. 做这种菜需要准备哪些材料？

3. 做菜的过程分哪几步？

4. 做出来的菜怎么样？（色、香、味）

 范文一

西红柿炒鸡蛋

西红柿炒鸡蛋是中国菜里的一道家常菜。大江南北的餐馆里都可点到这个菜。一般家庭也可以做，男女老少都喜欢吃。

做西红柿炒鸡蛋要准备这样一些材料：西红柿两个，鸡蛋两个，葱、大蒜、油、盐、糖少许。西红柿应该选那种已经比较熟的，比较软的，这样它的汁儿会比较丰富，做出来会更好吃。

　　材料准备好了以后，就可以开始做了。首先把西红柿切成块儿，把大蒜切成片儿，把葱切成葱花，把鸡蛋打到碗里放一点儿盐，再搅拌均匀。然后把适量的油倒入锅里，等油烧热了，把搅拌好的鸡蛋倒进锅里，稍微炒一炒。记住，如果油没有烧热就炒的话，炒出来的鸡蛋不松软，不好吃。把炒好的鸡蛋盛到碗里。接着把切好的大蒜和西红柿倒入锅里一起炒。等西红柿的汁儿炒出来后，再把鸡蛋倒回锅里一起炒。最后把葱花放进去，再放一点儿糖和盐。

　　这样，美味可口的西红柿炒鸡蛋就做好了，有红有黄还有绿，颜色别提多好看了。尝一尝，味道就更好了。

 范文二

子母盖饭

　　我想介绍一个日本菜，叫"子母盖饭"。这是日本的一道家常菜，男女老少都喜欢吃。它是用鸡蛋和鸡肉做成的，所以叫做"子母盖饭"，很有意思吧？下面我来介绍一下它的做法。

　　首先要准备这样一些材料：海带一片、洋葱一个、鸡肉一百克、鸡蛋两个、糖一大匙、甜酒一大匙、酱油一大匙。

第十课　今天我下厨

　　材料准备好了，就可以开始做菜了。先要把海带放到水里煮一下。请注意，当水烧开沸腾时，立即把海带捞起来。

　　利用煮海带的时间，将鸡肉和洋葱切成丝儿备用。捞起海带之后，把调味料、一杯海带汤汁、切好的鸡肉和洋葱放到小锅里，煮五分钟。鸡肉煮熟就可以了。

接着就是浇鸡蛋。这个过程很关键，千万不要把鸡蛋一下子放到锅里。要先把打好的鸡蛋放一半到锅里，等鸡蛋呈凝固状，再把剩下的鸡蛋浇上去。浇上鸡蛋后，立刻把火关掉。然后盖上锅盖，利用余热来焖。

　　最后在米饭上浇上刚才做好的菜就可以吃了。香味扑鼻，一定要趁热吃哦。

 思路图

　　通过以上范文的学习，我们可以总结出介绍做菜过程的说明文的一般结构和写作要点。如下图所示：

095

1. 简单介绍一下这个菜（是哪个国家的什么菜，有什么特点）。

2. 介绍要准备的材料（主要的材料、配料、佐料等）。

3. 介绍做菜的过程（洗、切、做等过程和要注意的细节）。

4. 菜做好后的色、香、味。

常用句式：

格式	用途	例句
……是…… ……是……之一	介绍要做的菜的大概情况	① 西红柿炒鸡蛋是一道中国的家常菜。 ② 川菜是中国的八大菜系之一。
我来（给大家）介绍一下……的做法 我来（给大家）介绍一下怎么做…… 我来（给大家）讲一讲怎么做……	引出做菜的过程	① 现在我就来介绍一下西红柿炒鸡蛋的做法。 ② 我来给大家介绍一下怎么做子母盖饭。 ③ 我来给大家讲一讲怎么做麻婆豆腐。

第十课　今天我下厨

续表

常用句式	用途	例句
做……需要这样一些材料： 名词＋数量词…… 做……要准备的材料有： 名词＋数量词……	介绍要准备的材料	① 做香菇蒸肉需要准备这样一些材料：香菇十个，肉馅儿半斤，生姜少许。 ② 做排骨汤要准备的材料有：排骨两斤、白萝卜一个、生姜一块。
把……＋动词……＋其他成分	介绍做菜的过程时常常用"把"字句	① 把生菜洗干净。 ② 把油倒进锅里。
首先……，等……以后……，再……，然后……，最后…… 第一步……第二步……第三步……	联结做菜过程和步骤，使过程显得更清晰	① 首先把菜都洗干净，切好。等水烧开以后，把土豆和大葱放进去，煮一会儿，再把大酱用冷水调开，然后倒入锅里。最后煮十分钟就行了。 ② 第一步把西红柿、蒜都切好，鸡蛋打好。第二步倒一点儿油，把鸡蛋放到锅里炒一炒，炒好后盛到碗里。第三步把西红柿、蒜放到锅里炒出汁儿后把鸡蛋放回去一起炒。
……闻起来…… ……看起来…… ……吃起来……	描写菜做好后的色、香、味	① 做好的排骨汤闻起来特别香。 ② 西红柿炒鸡蛋看起来有红有黄又有绿，别提多好看了。 ③ 香菇蒸肉吃起来很软，既有香菇的味道又有肉的香味。

写作训练室

一、完成句子。

任务1：用括号里所给的词语完成句子。

1. 下面_____。
   （介绍、洋葱汤、做法）

汉语综合写作教程

2. 做红烧肉＿＿＿＿＿＿＿＿＿＿＿＿＿＿＿＿＿＿：五花肉半斤、生姜少许、酱油、糖。（准备、材料）

3. 酸辣土豆丝＿＿＿＿＿＿＿＿＿＿＿＿，＿＿＿＿＿＿＿＿＿＿＿＿。
（著名、川菜、味道、酸、辣）

任务2：根据下面的图片和括号里的词语完成句子。

1. 做清蒸武昌鱼需要准备的材料有：＿＿＿＿＿＿＿＿＿＿＿＿

＿＿＿＿＿＿＿＿＿＿＿＿＿＿＿＿＿＿＿＿＿＿＿＿。

（条、块、根、少许）

2. 材料准备好后，＿＿＿＿＿＿＿＿＿＿＿＿＿＿＿＿＿＿

＿＿＿＿＿＿＿＿＿＿＿＿＿＿＿＿＿＿＿＿＿＿＿＿。

（把、青椒）

3. 然后，＿＿＿＿＿＿＿＿＿＿＿＿＿＿＿＿＿＿＿＿

＿＿＿＿＿＿＿＿＿＿＿＿＿＿＿＿＿＿＿＿＿＿＿＿。

（把、土豆、丝儿）

第十课 今天我下厨

4. 肉切好后，_____
_____。

（把、锅、炒）

任务3：选词填空。

最后 首先 再 等 接着

_____①_____把黄油从冰箱里拿出来，_____②_____它的温度上升到跟室温一样，_____③_____加入白糖一起搅拌，直到变成白颜色。另外，把鸡蛋搅拌好以后，分次添加到黄油里边，每次要充分搅打。_____④_____把面粉筛好，分次加入黄油鸡蛋里，和成面团。_____⑤_____把面团放在冰箱里发酵，约30分钟后，从冰箱里取出。把面团擀成一个个小薄饼，放入烤箱，上下火调至200度，烘焙10分钟，取出。等它凉下来，就可以吃了。

二、限定作文。

请使用括号中的词语，再加上一些必要的词语完成句子，使它们能够成为一篇完整的文章，注意要给每个句子加上适当的标点符号。

汉语综合写作教程

酸辣土豆丝

酸辣土豆丝是地道的川菜，又酸又辣，特别好吃。你想知道它的做法吗？现在我来给你讲一讲。

(1) _____

_____

（材料、土豆、大蒜、花椒、醋、盐）

(2) _____

_____

（准备、把、削、切、丝儿、末儿）

(3) _____

_____

（把、土豆、泡、水里、20分钟）

(4) _____

_____

（油、锅、佐料、倒、炒）

(5) _____

_____

（土豆丝儿、倒、炒）

(6) _____

_____

（加、盐、醋、炒）

第十课　今天我下厨

这样，香气扑鼻的酸辣土豆丝就做好了，保证你闻着就要流口水，可以吃一大碗饭。

三、作文练习。

以《我的拿手菜》为题，写一篇介绍做菜的说明文，写写怎么做你最拿手的菜。

写作修改室

一、阅读下面的学生习作，并修改文中不正确的语句。

酸　　汤

酸汤是一种越南南方的汤，南方人都很喜欢吃。在越南，我们常常看见餐桌上有这个汤。无论你富有还是贫穷，都可以做，因为这个汤做起来很简单，也不需要花很多钱。**下面我介绍做法。**

首先介绍一下需要的配料和各种调料：酸豆、豆腐、西红柿、菠萝、绿豆芽、空心菜、香菇、辣椒、香菜；油、糖、味精、盐等等。除了这些配料和调料以外，每个地方的口味和做法都不一样，所以可以随意添加或者减少某些配料。

材料准备好了，就开始做吧。

先我们要把豆腐、香菇、菠萝、西红柿都切成条儿。把空心菜和绿豆芽摘好洗干净。然后把菠萝和西红柿放在锅里炒一炒，过一会儿把水放进去。

水开后接着放酸豆、香菇、豆腐到锅里。等水再开时才把调料放进去。特别要注意的是，一定要等所有的配料都熟了，把锅从火上下来，再把空心菜、绿豆芽、香菜放进去。

酸汤做完了以后，我们可以跟饭或米粉一起吃。不过有一点大家要注意，如果你有胃病就不能多喝这种汤。为什么呢？因为汤里有酸味，喝多了胃里会不舒服。

在越南，酸汤很有名。如果你们有机会到越南，一定要尝尝这种汤。我相信你们吃完了一定对它很满意。

（越南学生习作，略有修改）

汉语综合写作教程

1. 酸汤是一种越南南方的汤。

2. 下面我介绍做法。

3. 先我们要把豆腐、香菇、菠萝、西红柿都切成条儿。

4. 水开后接着放酸豆、香菇、豆腐到锅里。

5. 特别要注意的是,一定要等所有的配料都熟了,把锅从火上下来,再把空心菜、绿豆芽、香菜放进去。

二、互动游戏:下文中有五处不正确的地方,请和你的同学比比看,看谁找得快,看谁改得好。

德国苹果薄饼

　　薄饼是德国的一种家常小吃,可以加各种各样的配料吃。一般是甜吃的,可以加蜂蜜还是巧克力。特别是孩子喜欢这样吃。但是也可以加

第十课　今天我下厨

咸的，比如说奶酪和菠菜。我现在想介绍煮苹果也是常用的一种方法，又简单又好吃。

为了做薄饼需要这一些材料：面粉、牛奶、鸡蛋。煮苹果需要肉桂、丁香、红糖和苹果。

首先把苹果削好后，然后把它切成段儿。接着把它放在锅里。再加一些肉桂、丁香和红糖。现在要把苹果煮半个小时。

接着把鸡蛋、牛奶加入到面粉里好好搅拌，最好稀一点儿。然后等平锅里的油热了就可以把面糊放进去了。注意，做得薄一些会更好吃。

吃的时候可以把苹果放在薄饼上面，把薄饼卷成圆筒状。在德国我们用叉子和刀子吃，那样很方便。煮苹果最好早一天做，吃的时候再把它热一些，这样味道更好。

（德国学生习作，略有修改）

请将你改正后的句子写在横线上。

1. _____

2. _____

3. _____

4. _____

5. _____

11 减轻压力

（事理性说明文）

 写作要点

事理性说明文以事物的发生、发展变化以及相互联系的成因等为说明对象，说清"怎么样"和"为什么"。

 范文展示

请仔细阅读下面的两篇范文，思考并回答以下问题：

1. 文章介绍了一个什么问题？它是怎么产生的？

2. 文章介绍了几种解决它的方法？

3. 如果这样做了会怎么样？

 范文一

减轻压力

现代人由于生活节奏加快，生活压力越来越大。生活

第十一课 减轻压力

压力的增大使得人们产生了各种各样的疾病。有很多人表面上没有什么大毛病，但身体却处在亚健康的状态，如头疼、耳鸣、心慌、常感到疲劳等。如何在现代都市生活中减轻压力呢？我来教你几招。

首先，睡觉是最好的选择。睡觉是养生的头等大事，但要挑选合适的时间，晚上11点到深夜3点之间，睡眠质量最好。同时要记得选择舒服的床和正确的睡觉姿势，以保证身体的完全放松。

（〔斯里兰卡〕MANOJ·K）

其次，运动也是不错的选择。在运动时，人会把平时紧张的情绪全部转移，能调动身体里的各种机能，加速新陈代谢，而且能使心情更加开朗，从而达到减轻压力的目的。

汉语综合写作教程

　　还有一个很简单的方法，就是听音乐。在你烦躁不安的时候，可以听一张你喜欢的CD。更好的办法是跟着音乐大声地唱，这样可以把压力释放出来。

　　除了这些以外，还有一些应该注意。比如，远离那些现代科技；不要整天对着电脑；出门的时候尽量步行或骑自行车。

　　你还有哪些好办法呢？每个人都可以找到最适合自己的办法，让你的身心更健康，生活更愉快。

节约用水的办法

　　水是地球上生命不可缺少的物质，任何生物离开了水都无法生存。可是我们地球上的水资源非常匮乏。如果人类不节约用水，地球将会成为沙漠。现在我们教你几招节约用水的好办法。

　　第一，一水多用。生活中很多水是可以重复利用的。比如，淘了米的水可以洗菜，也可以用来浇花，这样不但节约了水，还可以洗掉菜上的农药。还可以把雨水收集起来浇花、冲厕所等。

　　第二，改掉一些用水的坏习惯。在刷牙时，把水龙头关掉；洗澡搓洗身体、头发时，把淋浴关掉；洗一些小衣服、洗碗、洗菜时尽量用盆洗，不要一直开着水龙头。

　　第三，使用一些节水的装置。把家里的马桶换成节水马桶，洗衣机使用节水型的。

第十一课 减轻压力

> 我们只有注意生活中这些小的节水细节，才能更高效地节水。

思路图

通过以上范文的学习，可以总结出事理性说明文的一般结构和写作要点。如下图所示：

1. 大概介绍有关主题：要介绍的是什么？为什么要这样做？不这样做会怎么样？

2. 分别列举方法或理由。

3. 简单的总结：按照这些方法做了会怎么样。

常用句式：

格式	例句
如果……，……会…… 如果……，就会／将会……	①如果按照这些去做，我们的身心会更健康。 ②如果我们不重视水资源的问题，我们的地球将会成为沙漠。

107

续表

格式	例句
怎么/如何……可以/才能……呢？	① 那么怎么做可以减轻压力呢？ ② 如何才能找到理想的工作呢？
下面我来介绍一下……的方法 我来告诉你几个……的办法 我来教教你怎么/如何……	① 下面我来介绍一下节约用水的方法。 ② 我来告诉你几个克服害羞的办法。 ③ 我来教教你如何减轻压力。
首先……，其次……，此外…… 第一……，第二……，第三……	① 首先可以一水多用，……其次改掉用水的坏毛病，……此外还可以使用节水的装置，…… ② 第一，睡觉……第二，多运动……第三，听音乐……

写作训练室

一、选词填空。

> 如果 首先 其次 才 就 会 那么 如何

1. 怎么做＿＿①＿＿能给别人留下好印象呢？＿＿②＿＿，应该重视跟别人的第一次见面。见面以后应该主动跟对方打招呼，面带微笑。＿＿③＿＿，在日常交往中也要注意这些问题。

2. ＿＿①＿＿你每天尝试着用微笑对待同事同学，＿＿②＿＿你看看＿＿③＿＿有什么样的效果。

3. ＿＿①＿＿交到好朋友呢？要是想有朋友，＿＿②＿＿不能光想着自己，那些把"我"放在嘴边的人，是最令人反感的。

二、把下列词语按照正确的顺序连成句子。

1. 物质 水 是 生命 不可缺少的 地球上

第十一课 减轻压力

2. 教教 我 挑选 你 水果 如何 来

3. 学习 介绍 来 我 大家 方法 给 汉语 一下 的

4. 生活中 只有 细节 注意 的 高效地 才能 更 节水

5. 人类 水 节约 如果 不 成为 将 地球 会 沙漠

三、限定作文。

请使用括号中的词语，再加上一些必要的词语完成句子，使它们能够成为一篇完整的文章。

节约用电

和水一样，电也是生活中不可缺少的，电资源也非常的宝贵。下面我来介绍一下生活中节约用电的方法。

1. _____

（长期不用、外出、电器、插头、拔下来）

2. _____

（电视、音量、空调、温度、电灯、亮度）

3. _____

_____

（冰箱、门、开、热的东西）

还有很多好办法，我们一定要在生活中常常注意这样一些细节，从身边的小事做起。

四、材料作文。

我们都生活在地球上，地球只有一个。现在地球环境越来越糟，保护环境，人人有责。请谈一谈在我们的生活中如何保护环境。

写作修改室

一、阅读下面的学生习作，并修改文中不正确的语句。

什么样的城市是适合生活的城市

我很多地方去过，我觉得适合生活的城市有这样一些特点：

首先，比其他的城市不脏。作为一个适合生活的地方，应该干净。有了干净的环境，人生活健康、舒适。如果城市很脏，生活在这个城市的人们可能会得很多病，心情也不好。

其次，气候好。**自然环境影响人大很多**。如果夏天很热，冬天很冷，这样的城市，人们生活很不方便。

此外，生活成本低。**也就是说，在那儿生活需要不花钱很多**。如果这个城市东西很贵，吃的也贵，穿的也贵，坐车、买房子都贵，那样生活压力太大，没钱的人就更困难了。

但是要找到这样的城市很难。你可以选择那些有一两个你可以忍受的小缺点的城市。比方说你工作不错，那不用考虑第三点。如果你不怕热也不怕冷，那么第二点可以忽略。

（俄罗斯学生习作，略有修改）

第十一课 减轻压力

1. 我很多地方去过。

2. 首先，比其他的城市不脏。

3. 有了干净的环境，人生活健康、舒适。

4. 自然环境影响人大很多。

5. 也就是说，在那儿生活需要不花钱很多。

二、互动游戏：下文中有五处不正确的地方，请和你的同学比比看，看谁找得快，看谁改得好。

我的爱好

每个人都有自己的爱好。爱好可以有益于身心，也可以由此学到

汉语综合写作教程

很多知识。我的爱好很多，下面我来介绍一下我最喜欢做的几件事儿。

　　首先是做旅行纪念册。我很喜欢旅行，而且喜欢拍风景的照片。回家以后，我会选择特别好拍的几张照片。然后把这些照片和漂亮的贴纸一起贴在小册子里。我很喜欢偶尔自己拿出来看一下儿，也喜欢给别人看。

　　另外一个爱好是音乐和外国语。我在考试的前一天常常弹钢琴放松。我觉得音乐和外国语有相同的特点——沟通思想和文化。它们都让我们跟外国人的交流很容易。所以我将来想精通各种各样的音乐和外语，为国际社会的交流尽力。

　　我还有一个爱好是看小说。我常常在家里一个人看小说。我特别喜欢看推理小说。有的作者写伏笔写得很不错，看他们写的小说很有意思。在我老家，我的书非常多，不仅放在我的房间里，也放在我弟弟的房间里。

（土耳其学生习作，略有修改）

请将你改正后的句子写在横线上。

1. _____

2. _____

3. _____

4. _____

5. _____

12 走自己的路

(议论文一)

🐶 写作要点

议论文是对某个问题或某件事进行分析、评论,表明自己观点的一种文体。议论文应具备三要素:论点、论据和论证。论点是作者的看法和观点,也就是作者赞成什么,反对什么;论据是用来证明论点的材料;论证是用论据证明论点的过程和方式,如举例子、打比方等等。

本课学习根据一个小故事,发表自己的看法,并采用例证法来论证。

🐶 范文展示

请仔细阅读下面这个小故事,想一想,这个故事告诉我们什么道理。

一个人要穿过沼泽地,因为没有路,就试着往前走。没走多远,不小心一脚踏进烂泥里,沉了下去,淹死了。

又有一个人要穿过沼泽地,看到前一个人的脚印,就想:这儿一定有人走过了,沿着别人的脚印走没错。他用脚试着去踏,果然很安全,于是他就放心走下去,但没走多远,他也一脚踏空沉入了烂泥。

又有一个人要穿过沼泽地,看着前面两人的脚印,想都没想就沿着走了下去,他当然也沉入了烂泥……

又有一个人要穿过沼泽地,看着前面很多的脚印,心想:这一定是一条很安全的大路。看，已经有这么多人走了过去，沿着走下去我也一定能成功。于是他大踏步地走去，最后他也沉入了烂泥。

　　世上的路不是走的人越多就越顺利的，沿着别人的脚印走，不仅走不出新意，有时还可能会跌进陷阱。

请仔细阅读下面的两篇范文，思考并回答以下问题：
1. 通过这个故事，作者提出了什么观点？

2. 作者怎样证明自己的观点？

3. 最后，作者提出了什么？

4. 两篇文章的论点一样吗？

范文一

走自己的路

　　在这个故事里，每个过沼泽的人为了省事，都想走别人走过的路，但是反而更危险，还为此失去了生命。我认为，在生活中，走自己的路很重要。

　　走自己的路，就是要大胆地创新。大发明家爱迪生（Edison）就是一个很好的例子。大家都知道电灯是爱迪生发明的，其实在他之前，英国科学家就已经发明了电灯，但是灯丝很容易被烧坏，而且太刺眼了，很不实用。爱迪生大胆地试用很多种材料，比如棉线、胡须、白金丝等等，

足足有1600多种，很多人都笑话他在干蠢事。可是爱迪生毫不灰心，坚持走自己的路，最后他终于发明出又亮又实用的电灯，给人类带来了光明。如果没有大胆创新的精神，可能到今天我们还用不上电灯呢！

像这样的例子，还有很多。中国明朝的李时珍，年轻时参加了几次科举考试，但是都失败了。后来，他不再像别人那样，努力考试去做大官，而是选择了学医。他用了27年的时间在深山中采集和研究各种中草药，治好了很多人的病。最后他还写出了非常有价值的中药学著作——《本草纲目》。人们尊敬地称他为"医圣"。直到今天，中国人仍然还在研究他的医学成果。

古今中外很多故事告诉我们：找到适合自己的路，才可能获得成功。如果总是沿着他人的脚印走下去，我们也许不仅不能取得成功，还有可能跌进陷阱里去。所以，我们每一个人在生活中，不仅需要好好学习别人，更应该坚持自己的追求，走出自己的成功之路。

范文二

不要盲目模仿

这个故事给我一个启示，那就是不要盲目模仿别人。

在我们的生活中，很容易看到模仿别人的事情。比如，郎朗是中国著名的钢琴演奏家，也是现在世界上最年轻的钢琴大师。他3岁学弹钢琴，15岁就获得了德国国际青少年钢琴家比赛第一名。他弹的钢琴曲受到世界各国听众的

欢迎。郎朗取得了巨大的成功,让很多父母都很羡慕。于是,他们也模仿郎朗的父母,让自己的孩子从小学习钢琴。但是,很多孩子并不具备成为钢琴家的天赋,甚至有些孩子一点儿也不喜欢弹琴。他们在父母的压力下勉强学习,结果一定是什么也学不好。这样既浪费了金钱,又浪费了宝贵的时间。所以,千万不要为了取得成功,而去盲目地模仿那些成功的人。

更可怕的是,有些人还模仿坏人干坏事。拿校园枪击案来说吧,现在很多国家的学校都发生过学生拿枪械射杀同学、老师的行为。他们中有些是年轻的大学生,甚至是只有十多岁的中学生。他们没有仇恨,为什么要杀死自己的同学和老师呢?他们当中的不少人,就是因为整天看暴力电视、电影,或者整天玩儿电脑杀人游戏,久而久之,自己在不知不觉中也想模仿电视、游戏中的"杀人"游戏,过一过"杀手"瘾。这样做的后果,不仅伤害了别人的生命,也把自己送进了监狱。这就跟故事中踏着脚印过沼泽的人们一样,不动脑筋自己想想,稀里糊涂地模仿别人,最后失去了生命。

可见,在做事之前,我们都要"三思而后行",不要盲目模仿别人。

思路图

通过对范文的学习,我们可以看出,根据同一个故事,却可以得出不一样的论点,这是因为每个人的看法都不一样,论证的角度也不一样。但是两篇文章都通过了举例子的方法来论证自己的观点。由此,我们总结出写这类文章的结构安排。如下图所示:

第十二课 走自己的路

1. 提出论点（序论）：在文章开头，根据材料，提出一个中心论点，即作者赞同或反对什么。

2. 分析论点（本论）：在文章中间，围绕中心论点，分几个方面组织论据来证明论点，如多举例子等，注意层次要分明，意思要明确。

3. 总结（结论）：在文章最后，对前面的论证做一个总结，最后再次强调论点。

议论文常用句式：
（一）表达观点

格式	例句
1. 我认为………（我的观点）	我认为，走自己的路很重要。
2. ………（提出问题），依我看………（我的观点）	到底拥有什么才能成功？依我看，成功者拥有智慧，成功者拥有毅力，成功者更拥有勇气！
3. 有人觉得……（某些人的观点），但在我看来，………（我的观点）	有人觉得今天过去了还有明天、后天，明天再开始也不晚。但在我看来，一寸光阴一寸金，今日事必须今日毕。

117

（二）举出事例

格式	例句
1. 比如……（例子一），再如……（例子二）	该放弃时就应该放弃，比如学弹钢琴。据统计，上海、北京各有10万琴童，全国有多少，不计其数。……再如高考，一年一度，成千上万的学生……
2. 拿……来说，……	拿校园枪击案来说吧，现在很多国家的学校都发生过学生拿枪械射杀同学、老师的行为。
3. ×××就是一个很好的例子。	大发明家爱迪生（Edison）就是一个很好的例子。

写作训练室

一、用括号里所给的词语完成句子。

1. ＿＿＿＿＿＿＿＿＿＿＿＿＿＿＿＿＿＿＿，就会造成严重的环境污染。（如果）

2. 孩子们＿＿＿＿＿＿＿＿＿＿＿＿＿＿＿＿。（一点儿也不）

3. 交朋友＿＿＿＿＿＿＿＿＿＿＿＿＿＿＿＿。（千万）

4. 偶尔玩玩电脑游戏＿＿＿＿＿＿＿＿＿＿＿＿＿＿＿＿。（并）

5. 有些人＿＿＿＿＿＿＿＿＿＿＿＿＿＿＿＿才明白"一寸光阴一寸金"的道理。（足足）

第十二课　走自己的路

二、请按照正确的顺序把以下句子连接起来。

1. 最重要的是，他们可以更快地学好外语。所有这些都对学生本人有好处。
2. 因此我觉得，中学生应该尽量在国内提高自己。等他们中学毕业时，再寻找机会出国学习会更好。
3. 另外，远离家乡会让他们感到孤独，而且，国外的费用也比国内更高。
4. 近年来，越来越多的中国中学生热衷于出国学习。人们对此有不同的看法。
5. 作为中学生，学习国外的先进科学和技术，了解更多不同的文化，对他们是有好处的。
6. 但是，大部分学生的年龄太小，不能照顾好自己。

排列顺序_____

三、模仿造句，注意用上画线的词语。

1. <u>在这个故事里</u>，每个人都想走别人走过的路，但是结果反而更危险，还失去了生命。<u>我认为</u>，走自己的路很重要。

2. <u>有人觉得</u>模仿成功的人会很容易取得成功。<u>但在我看来</u>，走适合自己的路很重要。

3. 很多孩子并不具备成为钢琴家的天赋，<u>甚至</u>有些孩子一点儿也不喜欢弹琴，却被望子成龙的家长硬逼着练琴。

4. 有钱并不意味着奢侈和浪费。<u>拿</u>亿万富翁洛克菲勒<u>来说</u>，他在日常生活中是十分勤俭节约的。

119

5. 比如，郎朗是中国著名的钢琴演奏家，也是现在世界上最年轻的钢琴大师。

四、作文练习。

1. 下面的观点中，你比较感兴趣的是哪个？你对这个观点赞成还是反对？说说你的原因。
   ① 友谊是人生中重要的一个组成部分。
   ② 友谊浪费时间、金钱，会随着时间的改变而改变。
   ③ 友谊对我来说无所谓。

2. 请用一两个故事或例子来论证你的观点。

赞成或反对的原因一：

你的例子：

赞成或反对的原因二：

你的例子：

3. 根据上面的提纲，写一篇议论文。

五、请仔细阅读下面的小故事，然后根据这个故事，写一篇议论文，注意提出自己的观点。

有一个女孩子，从小就患了大脑麻痹症，不能走路，连说话也说不清楚。但她硬是靠顽强的意志，考上了著名的加州大学，并获得了艺术博士学位。在一次演讲会上，一个中学生问她："你从小就长成这个样子，请问你怎么看你自己？"她笑了笑，在黑板上写下了这样几句话：一、我好可爱；二、我的腿很美；三、爸爸妈妈那么爱我；四、我会画画……最后，她以一句话作结论："我只看我拥有的，不看我没有的。"

第十二课 走自己的路

写作修改室

一、阅读下面的学生习作，并修改文中不正确的语句。

人生最重要的是健康

在我们的生活里有很多重要的东西。**友情、爱情、财富、事业都很重要，但是以我来看最重要的是健康。**

当然，没有友情、爱情的时候，生活很孤独。没有事业、财富的时候，生活很困难。**但是没有健康的时候，我们的生活是变成地狱。**

在我的国家有一句很好的俗语："千金易得，健康难求。"健康是我们的财富，我们每天应该爱护身体。你身体不好的时候，情绪也不好，你不想去上班，不想去跟朋友们见面，你就什么都不想做，什么也都不需要。还有更重要的是家人的健康，你父母的健康。

当你有很好的朋友、爱人，有很好的工作和很好的身体的时候，你是世界上最幸福的人，**但是这不是常见的幸福。**

身体好的时候，你有力量去工作、爱上、找新朋友。所以我敢说有健康就什么都有。

（俄罗斯学生习作，略有修改）

1. 友情、爱情、财富、事业都很重要，但是以我来看最重要的是健康。

   _____

   _____

2. 但是没有健康的时候，我们的生活是变成地狱。

   _____

   _____

3. 在我的国家有一句很好的俗语:"无论你有很多钱,但是你买不到健康。"

_____

_____

4. 但是这不是常见的幸福。

_____

_____

5. 身体好的时候,你有力量去工作,爱上,找新朋友。

_____

_____

二、互动游戏:下文中有五处不正确的地方,请和你的同学比比看,看谁找得快,看谁改得好。

两棵树的故事

在这个故事中,两棵树是不一样的。首先,第一棵树的最大愿望就是长一棵大树,所以它储备养料。虽然在开始的几年没有开花、结果,但是最后它结出了好吃的果实,实现了自己的愿望。另一棵树的愿望不一样,它就想早点儿开花,让别人都注意它、夸奖它。虽然后来这棵树也结出了果实,但是因为还没有成熟,所以它的果实也不好吃,最后被主人用火烧掉了。我们可以看到,故事里两棵树的结末是相反的。

我认为这两棵树的故事相似人类。

第一棵树代表一种人:好好考虑将来,做好准备。开始务必碰到困难,但是最后获得了成功。另外一棵树代表另一种人:只顾眼前的利益,即使刚开始取得了一点儿成功,以后自己没有做好准备,最后失败了。

(韩国学生习作,略有修改)

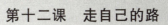

第十二课　走自己的路

请将你改正后的句子写在横线上。

1. _____
   _____

2. _____
   _____

3. _____
   _____

4. _____
   _____

5. _____
   _____

13 保护大自然

（议论文二）

写作要点

看图类议论文，就是根据所提供的图画提炼出一个观点，并对此展开论述。这类作文首先要求读懂图的意思，并能根据图意提出一个具有归纳性的主题，然后就和写一般议论文一样，围绕这个主题展开论证和阐述了。

请看下面这幅图，它要表达的意思，你看懂了吗？

〔斯里兰卡〕MANOJ·K

第十三课　保护大自然

 范文展示

请仔细阅读下面的两篇范文，思考并回答以下问题。

　　1. 画面上有什么？这几个字是什么意思，最后一个标志代表着什么？它们这样排列有什么意义？

　　2. 这幅图画的意思是什么？请用一句话写明你的观点。

 范文一

保护大自然

　　在这幅漫画中，我们看到最上面一层是一个"森"字，接着变成了"林"字，后来又变成"木"字，到最后一层只剩下一个光秃秃的十字架了。图画中的树木也越来越少，最后完全是一片空白。

　　这幅漫画反映了大自然正在不断被破坏。地球上原来有很多森林，许许多多动物在森林中生活。但是后来，人们砍掉了很多树木，原来茂密的森林变成了小树林，然后小树林也渐渐消失，以前很好的土地变成了沙漠。现在，地球上大约有五分之一的土地都变成了沙漠，而且每年都

在继续增加。如果我们继续破坏大自然，那么等待我们的将是一个可怕的结果。

地球在逐渐变暖，空气变得越来越脏。这些事实都在提醒我们要保护美丽的大自然。中国有句古话："亡羊补牢，未为晚矣。"意思是只要及时采取行动，原来造成的后果还可以挽回。所以，从现在开始，我们要采取措施来保护大自然。首先，要保护好现有的森林，不能乱砍树木。其次，要大力提倡保护环境，提高人们的环保意识。比如，少用塑料袋、少开汽车等，不要随意造成污染和浪费。最后，在沙漠地区，我们要根据当地的自然气候，多种树木和草皮，努力防止沙漠进一步扩大。

总之，只要每个人都意识到环境保护的重要性，留下更多的"木"，自然环境就不会继续恶化下去，美丽的地球一定会重回我们的生活。

 范文二

保护我们的"母亲"

在这幅图上，从"森"到"林"再到"木"，每个字都比前一个字少了一个"木"，到最后只剩下一个十字架。它告诉我们，森林在不断减少，我们的家园在不断被破坏。

现在，人们只顾发展科技而不重视环境问题，造成严重的环境污染。整个地球的温度变得越来越高，就连寒冷的南极冰雪也慢慢开始融化。环境破坏，给地球上的动植物带来巨大灾害。拿青蛙来说，由于全球大气变暖，青蛙

第十三课　保护大自然

种类大大减少。特别是生活在山区的青蛙，差不多有三分之二因此灭绝了。破坏环境也让人类尝到了苦果。2005年的卡特里娜飓风给美国造成了巨大的损失，成千上万的人失去了自己的家园，一千多人丧失了生命。总而言之，破坏环境的主要原因在于人，环境的破坏给我们带来了很大的问题。

那么，怎么解决这一问题呢？

我认为，最重要的是提高全人类的环保意识，在电视、网络、公益广告中积极宣传环保的重要性。教育孩子们，告诉他们不要乱扔垃圾，从小养成爱护环境的好习惯。当然，特别应该教育成人们要有环保意识，例如少开汽车、主动将垃圾分类等。政府应该制定相应的法规，来约束人们的日常行为。拿新加坡来说，就有许多保护环境的规定。例如，不许乱扔垃圾，不许乱吐口香糖，初犯者要罚一千新元，重犯者除了罚两千新元外，还须清扫公共场所。在这样严格的法律保护下，新加坡成为世界上最美丽、最干净的花园城市之一。

大自然是我们每个人的"母亲"。我们每天呼吸的空气、喝的水、吃的粮食都是大自然赐予的。因此，让我们一起行动，保护大自然，保护我们的"母亲"。

思路图

通过范文的学习，我们可以看出两篇范文都是先概括图画意思，在这个基础上引申出一种社会现象，并提出自己的观点，围绕观点展开论述。由此，我们总结出写看图类议论文的结构安排。如下图所示：

汉语综合写作教程

1. 分析图画（引论）：用简短的话描述画面，然后用一句话概括图画的主要意思。

↓

2. 提出问题（序论）：把总结出来的画面意思引申到一种社会现象，根据社会现象提出自己的论点。

↓

3. 证明论点（本论）：围绕提出的论点，组织论据来证明论点，可采用举例子、列数据等多种方法。

↓

4. 解决问题（结论）：在文末再次点题，总结论点，也可以提出倡议、号召。

写看图类议论文，关键在于看懂图画的意思，同时要发挥想像，把图画上的意思与一种社会现象联系起来，并加以描述，这样才能提出自己的观点。提出观点之后，就按照一般议论文的写法，围绕观点展开多方面的论证，最后总结。

第十三课　保护大自然

议论文常用句式：

(一) 表示说理顺序

格式	例句
其一／第一……（论点一），……（展开论述）； 其二／第二……（论点二），……（展开论述）； 其三／第三……（论点三），（展开论述）。	垃圾对我们的生活影响很大。第一，占地过多；第二，污染空气；第三，污染水源。
一是……（论点一），……（展开论述）； 二是……（论点二），……（展开论述）； 三是……（论点三），……（展开论述）。	大部分肥胖者都有饮食问题。一是他们吃的食物含有太多糖和脂肪；二是有些人不吃早餐就去上班；三是他们的运动量不够。
首先……（论点一），……（展开论述）； 其次……（论点二），……（展开论述）； 再次……（论点三），……（展开论述）； 最后……（论点三），……（展开论述）。	首先，我们要保护好现有的森林资源。…… 其次，我们要大力提倡保护环境。…… 再次，在沙漠地区，我们应根据当地的自然气候状况，科学地种植树木和草皮。 最后，科学家们也应该努力发明一些可替代的环保型能源，提高能源的使用率。

(二) 表示总结

格式	例句
1. 总之／总而言之，……	总之／总而言之，只要你有信心，有理想，那么成功就在你脚下。
2. 可见／由此可见，……	可见／由此可见，这位老人是十分珍惜这套书的。
3. 一句话／综上所述，……	一句话／综上所述，破坏环境的主要原因在于人。

129

写作训练室

一、选词填空。

> 第二 在……看来 最重要 第三 宁可 也 对……而言

现在,在农村地区,有很多儿童不能上学。这____①____需要上学的孩子____②____是很遗憾的。

我想,其中____③____的原因就是他们的家庭太贫穷,没有能力支付他们的学费。结果,他们不得不为家庭赚钱。____④____个原因是,许多父母认为女孩儿学多了也没有用,所以不愿意花钱让她们上学。____⑤____个原因是,有些农村孩子对学习不太感兴趣,所以他们____⑥____出去打工,____⑦____不愿意上学。____⑧____我____⑨____,每个孩子包括男孩儿和女孩儿都应该去上学。所有的人都应该关心儿童教育,因为他们对国家的未来很重要。

二、模仿造句,注意用上画线的词语。

1. 这幅漫画<u>反映了</u>大自然在不断被破坏。

2. <u>众所周知</u>,水是生命之源,<u>因此</u>我们必须保护好它。

3. <u>只要</u>我们每个人都行动起来,全球气候变暖<u>就</u>一定能得到有效遏制。

4. 应该如何保护我们的地球呢?<u>我认为</u>,<u>最重要的是</u>让更多的人意识到环境保护的重要性和迫切性。

第十三课　保护大自然

5. 总而言之，环境污染的主要原因在于人，环境的污染给我们带来了巨大的问题。

三、请根据上下文，在横线上写出自己的句子，使这篇文章意思完整。

垃圾的危害

地球是我们的家园，而这个家园正在被垃圾所包围。垃圾已经对我们的生活和环境造成了不好的影响，甚至是严重的危害。

第一，占地过多。_____

_____

第二，污染空气。_____

_____

第三，污染水源。垃圾直接倒入河流、湖泊或海洋，会引起严重的污染。您看：_____

_____

综上所述，_____

_____

因此，我们要通过电视、广播、报纸和网络等各种手段，大力进行垃圾分类收集的宣传教育。让我们共同努力，解决垃圾污染，变废为宝，节约资源，同时也给我们自己提供一个优美的健康的生活空间。

四、根据下面的图片完成以下任务。

任务1：画面上有半杯水，这两个人各说了什么话，他们的表情怎么样？

_____

_____

（〔法〕张美玲）

任务2：这两个人代表着对生活的不同态度，请你根据提示，用一句话来总结这个观点。

（悲观、乐观）

任务3：请根据上面的观点，写一篇议论文。

第十三课　保护大自然

写作修改室

一、阅读下面的学生习作，并修改文中不正确的语句。

网络对生活的影响

现在，我们的日常生活上网络是很重要的。众所周知，网络给我们的生活带来很多方便。对我也不例外。现在，我离开家乡来中国留学。但是不管我离父母远，都可以上网跟他们取得联系。不仅不用付电话费，连父母的样子都可以看得到。

写论文的时候也很有用。网络上有莫大的资料，可以比较容易地找到自己需要的。不过要注意的是假资料也不少，因此我们要有挑选好资料的能力。

但是从另一方面来看，网络给人们的坏影响也不少。特别对孩子们的影响。

第一，网络上有许多游戏。他们一旦开始玩网络游戏，就会玩儿很长时间。孩子们去外边与其跟朋友玩儿，不如在家电脑上网。这让他们的视力下降，体力衰退。

第二，网络上有许多坏消息、违法下载的软件等等。如果没有专门的知识，很容易受骗。天真的孩子们怎么知道那些避免危险的方法？熟悉网络的大人应该好好教育他们。

总之，网络的影响有好有坏。但是为了丰富我们的生活，不可缺乏的。所以，对于网络，我们应该合理利用，同时加强对孩子们的教育。

（越南学生习作，略有修改）

1. 现在，我们的日常生活上网络是很重要的。

2. 但是不管我离父母远，都可以上网跟他们取得联系。

3. 网络上有莫大的资料，可以比较容易地找到自己需要的。

4. 孩子们去外边与其跟朋友玩儿，不如在家电脑上网。

5. 但是为了丰富我们的生活，不可缺乏的。

二、互动游戏：下文中有五处不正确的地方，请和你的同学比比看，看谁找得快，看谁改得好。

什么是幸福

现在在世界上，吃不饱、穿不暖的人还很多。所以吃穿不愁就是对人类第一的幸福。那么，更大的幸福是什么？每个人都有自己的幸福观。有人觉得有钱是幸福，有人觉得拥有爱情是幸福。但是，我认为幸福不仅仅只有一种，它在不同的阶段表现也不一样。

在童年时代，被父母十分爱就是幸福。父母养育孩子，陪他们玩儿，耐心地教育他们。在这个阶段，父母的爱会帮助孩子形成健全的人

第十三课　保护大自然

格，这对他的将来很重要。所以，被父母疼爱的孩子很幸福。

在青年时代可以有很多幸福。比如，遇到各种各样的朋友就是幸福，因为是从朋友学到的东西很多。除此以外，学好玩儿好、找到好工作、找到好伴侣等都是幸福。做上了父母以后，因为孩子是自己的掌上明珠，所以孩子的幸福也就是自己的幸福。

到了老年时代，和老伴一起拥有健康的身体是最好的。只要身体好，就能做自己喜欢的事。以前为了家人而工作，现在可以想做什么就做什么了。这就是幸福。

由此可见，每个阶段有不同的幸福。我认为最重要爱惜各自的幸福。

（意大利学生习作，略有修改）

请将你改正后的句子写在横线上。

1. _____

2. _____

3. _____

4. _____

5. _____

14 上大学还是开公司

（议论文三）

写作要点

本课学习通过评论社会热点现象，提出自己的看法，并围绕这一观点进行合理论证。评论社会现象时，不能简单地做出"对"或"错"的结论，一定要注意有理有据，并用具体的例子来加强论证。

范文展示

在我们的生活中，有很多人们关注的社会现象，针对这些热点话题，每个人都有自己的看法，请看下面一段文字材料。

在当代社会，越来越多的年轻人放弃传统的大学教育，而提前创业。1975年，电脑天才比尔·盖茨还是哈佛大学三年级学生时，就毅然退学创办自己的公司，研发电脑软件。10年后，他跻身亿万富翁行列，20年后，他成为世界首富。最近，广东工业大学的女大学生陈晞将自己课余挣下的20万元资金，投资大学文化产业，并休学自任公司总裁，目前公司前景良好。但是，也有不少创业的在校大学生，由于经验不足、缺乏能力等原因，经营失败，不仅损失了金钱，还荒废了学业。究竟是大胆创新、提前创业好，还是遵循传统教育、完善知识结构好？请你对这一社会现象提出自己的观点。

第十四课　上大学还是开公司

请仔细阅读下面的两篇范文，思考并回答以下问题：

1. 范文中提到了当今社会的一种什么现象？

2. 作者的观点是什么？

3. 作者怎样证明自己的观点？

4. 两篇文章的观点一样吗？

范文一

上大学还是开公司

现在，我们经常在网络或者报刊上看到报道，年轻人放弃读大学而去创业。他们当中有些人成功了，成为让人羡慕的富翁，但也有不少人失败了，不仅损失了金钱，还荒废了学业。这种现象在社会上引起了不小的争论。我认为，知识是成功的基础，对大学生来说，学好专业是最重要的。

有一个很有名的故事，美国福特（FORD）公司的电动机坏了，请一位工程师来修理，他收了1万美元，只用粉笔在电动机上画了一条线，然后让工人在画线的地方拆掉一圈线圈，机器果然修好了。这时，公司经理说："只画一

条线就收1万美元,太贵了。"但工程师回答:"画一条线1美元,知道在哪儿画线9999美元。"这个故事生动地说明了知识在当今社会的重要性。而要想学好专业知识,大学无疑是一个比较理想的地方。这里有经验丰富、知识渊博的老师,而且还有许多高科技的学习设备、实验设备,这一切都能帮助年轻人打好知识基础,为将来的发展做好准备。

也许有人会说,比尔·盖茨没有大学毕业,不也照样成为了世界首富吗?他们只看到了盖茨今天的成功,却没有看到他在成功之前付出的努力。比尔·盖茨在为哈佛学院2007年毕业生作演讲时说:"我关于哈佛的回忆,都是与充沛的精力和智力活动有关的。而这一切改变了我的一生。"可见,虽然他很早就退学了,但大学教育带给他的却是终生受益的智慧财富。因此,学好知识、锻炼能力,这是成功者最重要的条件和基础。

当然,对于那些精力充沛、能力非凡的年轻人来说,如果实在觉得大学教育不适合自己,那么完全可以选择更适合自己的道路。比如提早创业,或到社会上去积累自己的实践经验。俗话说"条条大路通罗马",意思是有很多道路和方法可以通向成功,只要适合自己的实际情况就行。

总而言之,每个人的实际情况不同,人生道路也不同。但依我看,对于大部分的大学生来说,认真地学习,多积累实践经验,这才是成功的必经之路。

第十四课　上大学还是开公司

 范文二

说说"辍学创业"

比尔·盖茨（Bill Gates）——微软之父，他的名字享誉全球；绍恩·法宁（Shawn Fanning）——Napster的创造者，他的发明曾经轰动全美；迈克尔·戴尔（Michael Dell）——戴尔公司的创始人，他的企业兴盛无比。这三个人都取得了巨大的成功，因而成为各界人士的偶像。

除此之外，他们还有什么共同之处？一调查他们各自的教育背景，我们就会发现，原来他们当中没有一个人大学毕业！可见，"辍学创业"在当代社会似乎已经成为一种常见现象。对于没有文凭，又没有经验的年轻人来说，越来越多的人想走这条捷径。那么，大学生放弃大学教育，而提前尝试当老板的酸甜苦辣，究竟好还是不好？我认为，"辍学创业"是一把双刃剑，有利也有弊。

应该承认，对于普通大学生来说，现在很难找到一份令人满意的工作，所以越来越多的人选择自己开公司，当老板。但是，"当自己的老板"谈何容易。据统计，在五年内80%的新建公司失败、破产，这是个很值得注意的事实。失败率这么高，怎么还会有人勇于创业呢？答案就是——财富。由于时代的原因，许许多多人在寻找快速发财之路，就像世界首富比尔·盖茨那样。可惜的是，快速发财之路只不过是个美好的梦想。在很多的情况下，这些学生不仅不会发什么财，而且还会让自己的学业彻底荒废。因此，"辍学创业"有着巨大风险。

但是否因为"辍学创业"存在风险,就认为这一做法一无是处呢?也不一定。独立创业的优点也是显而易见的。第一,促进市场的健康发展。越来越多的人倾向于创办自己的公司,往往会开发更新颖的产品,提供更先进的服务。即使90%的创业规划最终都泡汤了,剩下的10%也会对市场起到良好的影响。第二,无险无获——"辍学创业"的风险不一定大于回报。这一点比尔·盖茨的经历可以证明。虽然有很大的风险,但是学生偏偏愿意去冒这个险。与巨大得惊人的财富相比,再大的风险又算得了什么呢?

总而言之,"辍学创业"是一把双刃剑,有得也有失。我对这条道路并没有太大兴趣,因为大学教育对我来说很重要,让我每一天都很充实快乐。也许在选择"辍学创业"的人们眼中,我只不过是一个很普通的人。不过,将来我要是想出了一个绝妙的创意,也决不会让机会擦肩而过。我会奋力争取,说不定还可以挑战比尔·盖茨,夺走他的首富之称呢!

(美国学生习作,略有修改)

思路图

通过对范文的学习,我们可以看出虽然范文一与范文二的观点不一样,但是两篇文章都通过举例子、做比较、引用等论证方法来证明自己的观点。由此,我们总结出写一般议论文的结构安排。如下图所示:

第十四课　上大学还是开公司

1. 提出问题（序论）：在文章开头，根据材料，总结出一种社会现象，然后提出一个中心论点，即作者赞同或反对什么。

2. 分析问题（本论）：在文章中间，围绕中心论点，分几个方面组织论据来证明论点。注意层次要分明，意思要明确，可采用多种论证方法，如举例子、做比较、引用等。

3. 解决问题（结论）：在文章最后，对前面的论证做一个总结，最后再次提出论点或号召。

议论文常用句式（引用事理）：

格式	例句
×××说过："……"	著名科学家阿基米德说过这样一句话："给我一个支点，我就能把地球撬起来。"
有句古话："……"	中国有句古话："塞翁失马，焉知非福。"
众所周知："……"	众所周知："天生我才必有用。"（李白）
俗话说："……"	俗话说："一寸光阴一寸金。"

汉语综合写作教程

 写作训练室

一、把下列词语按照正确的顺序连成句子。

1. 了 不仅 了 荒废 金钱 还 学业 损失

2. 来说 学习 的 对 重要 学生 最 是

3. 什么 巨大 与 风险 财富 相比 不算 的

4. 就 工作 要想 必须 愿望 努力 实现

二、选词填空。

> 可见　因此　如果　却　而是　对于……来说……

创新，____①____今天的人们____②____，已不再是一个陌生的话题。一个善于创新的人，总是能有自己独到的想法，____③____他总能够立于不败之地。一个商人曾给向他"取经"的人讲了这样一个故事：某地发现金矿，人们蜂拥而去，____④____被一条大河拦住去路。怎么办？最明智的做法不是绕道而行，也不是游过去，____⑤____放弃淘金，买一条船开始航运。这样，一定会淘到很多金。____⑥____，在某些情况下，____⑦____能够开动脑筋，大胆想像，努力创新，就会创造出惊人的奇迹。谁能说"买船航运"的做法不是奇迹？

第十四课 上大学还是开公司

三、模仿造句，注意用上画线的词语。

1. <u>依我看</u>，对于有才能的人来说，提前创业比按部就班地接受大学教育更有意义。

2. 据统计，乘公交车的人数要超过外出通行人数的1/3以上，<u>由此可见</u>，实行公交优先很有必要。

3. 电子贺卡生动有趣，不仅提供图片，还有声音和动画。<u>最重要的是</u>，电子贺卡不用纸，可以节约资源。

4. 毫无疑问，<u>除非</u>我们采取有力措施，<u>否则</u>绿地沙化的问题一定会越来越严重。

5. 网络在我们的生活中发挥了巨大作用，有利也有弊。<u>一句话</u>，我们需要根据实际情况合理利用。

四、请根据上下文，在横线上写出自己的句子，使这篇文章意思完整。

"名牌消费"的背后

在中国，麦当劳（McDonald's）深受中国消费者特别是年轻人的追捧。有人开玩笑说，如果把馒头夹肉片放进麦当劳的包装，也一定会有不少人称赞："麦当劳的馒头就是好吃。"这虽然是句玩笑话，却说出了生活中一个常见的现象，任何物品只要贴上了名牌标签，_____

_____。

　　从消费心理学角度来看，这反映了人们的心理存在"易受暗示"倾向。就是在各种名牌广告宣传的诱惑下，人们无形中接受了广告的暗示。比如，_____

_____

_____。

　　其次，名牌消费还满足了人们的虚荣心理。拿_____来说，____

_____

_____。

　　此外，名牌消费还体现了"从众心理"。"从众"指的是人们受周围其他人的影响，更容易做出与多数人一样的行为。如果有人非要唱反调，这个人就很容易被孤立，不受人欢迎。在这种压力下，他就更倾向于模仿别人的行为。"名牌消费"就体现了这种对成功人士的模仿。

　　以上三种心理解释了为什么人们会对名牌产生过度依赖，甚至盲目追求名牌。总而言之，_____

_____

_____。

五、材料作文。

　　现代通信手段的高度发达，使人与人的交往更加便利快捷。手机短信、电子邮件等现代通信方式，可以让世界各地的人们都能方便地互相联络。但是，也有人认为，通信手段的发达反而使人际关系淡漠，比如过去我们经常会给朋友亲笔写信，或不定期拜访亲朋好友，但现在很多

第十四课 上大学还是开公司

人选择了快捷的电话拜访或电子贺卡,甚至连自己的父母也一年到头只是电话问候。通信手段的发达,改变了传统的人际交往方式,到底是拉近了人与人的距离,还是疏远了人与人的感情?请你对这一现象发表自己的看法。

写作修改室

一、阅读下面的学生习作,并修改文中不正确的语句。

小事不小

我认为任何小事都重要的事。日本有句谚语:"集尘成山。"**它的意思大概差不多中国的谚语**"积少成多"和"集腋成裘"。它们都表达了"小事不小"的道理。

我听说过这样一件事儿,一位日本著名棒球选手在参加比赛前不再做练习,而只是专心做一些小事。比如他一定要先穿左脚的袜子,进入棒球场时一定先迈左脚等等。**他相信如果这样做,就成功。**耐心地做这些小事,会让他感到安宁。

读高中时,我是田径俱乐部的一名成员,专攻长跑和竞走。我的学长经常鼓励我们:"加油!我们一定能参加长跑接力赛。"我们这些一年级的选手也越来越自信,刻苦训练。最后,我们获得了参加长跑接力赛的资格。**高中生二年级时,我被选派为强化选手**,去参加集训。那时,老师常常告诉我们:"你们要行动敏捷,要把鞋子放得整整齐齐……"**从那时,我就一直那样做**。所以后来我在长跑方面取得了很好的成绩。

为什么说小事重要呢?第一是通过小事可以磨炼自己的意志。第二是在日常生活中可以规范自己的行为,从而调整自己的心理。

上面写的虽然都是生活小事,但都表明了"做小事"的重要性。一句话,不想做小事的人肯定不会做大事。

(日本学生习作,略有修改)

145

汉语综合写作教程

1. 我认为任何小事都重要的事。

2. 它的意思大概差不多中国的谚语"积少成多"和"集腋成裘"。

3. 他相信如果这样做，就成功。

4. 高中生二年级时，我被选派为强化选手。

5. 从那时，我就一直那样做。

二、互动游戏：下文中有五处不正确的地方，请和你的同学比比看，看谁找得快，看谁改得好。

谈 放 弃

面对困难时，有人说："不能放弃，坚持就会胜利。"也有人说：

第十四课 上大学还是开公司

"凡事达观最重要。"那么放弃或者不放弃,哪一个对呢?

依我看,两种观点都有道理。首先,在"不能放弃"来看,我想起一个很有名的美国黑人牧师马丁·路德·金(Marting Luther King)。他在世的时候,在美国,黑人很受白人的歧视。黑人不可以和白人一起上大学,甚至连上厕所也有区别。有一天,一个黑人老妇女坐公共汽车,想坐在座位上,可是司机对她说:"别坐。这个座位是白人专用的。"听到这件事,马丁·路德·金非常生气,向黑人呼吁今后拒绝坐公共汽车。后来,他虽然遇到了很多不愉快的、讨厌的事儿,但是都没有放弃斗争。如果他放弃了,黑人就不会像现在这样获得平等。由此,我们可以看出"坚持到底"很重要。

其次,"凡事达观最重要"也有它的道理。但重要的是,我们放弃后另外应该找有希望的路。该放弃时就应该放弃。比如,我听过一个男人。读高中时大家都认为他是一个很棒的棒球队员,但是加入了职业球队后,没有那么优秀,只能做一个候补选手。他非常苦恼,最后决定放弃打棒球,转而在大学学习了经济学。果然,现在他是一个公司的总经理。

因此,我们可以说获得成功的人在面对困难时不放弃。但也可以说,他们同时拥有能放弃的勇气。一句话,他们知道什么时候要坚持,什么时候应该放弃。

(格鲁吉亚学生习作,略有修改)

请将你改正后的句子写在横线上。

1. _____

2. _____

3. _____

汉语综合写作教程

4. _____
   _____

5. _____
   _____

15 网络的利与弊

（议论文四）

写作要点

本课学习从正反两方面去谈论某个事物或现象。这类议论文的题目常常是《……的利与弊》或者《……的好处与坏处》。要注意的是，在文章中你必须表明观点，即是赞同"利大于弊"还是"弊大于利"，并通过对比论证来支持你的观点。

范文展示

生活中的一些现象常常既给我们的生活带来了好处，也带来了一些问题，我们可以从利与弊两个方面表达观点和看法，从而得出一个总的结论。

请仔细阅读下面的两篇范文，思考并回答以下问题：

1. 本文提出了什么话题？

2. 它给人们带来的好处有哪些？分别是什么？

3. 它给人们带来的弊端有哪些？分别是什么？

4. 作者最后的观点是什么？

5. 文章的结构是怎样的？

网络的利与弊

现代生活离不开网络，没有网络的生活简直是无法想像的。网络给人们带来好处的同时，也带来了一些问题。

先来看看网络到底给人们带来哪些好处。

第一，网络改变了我们的生活方式，让我们的生活变得更方便、更快捷。我们不用看着手表打开电视看节目，新闻、晚会、电影和电视剧，这些我们都可以随时从网上下载观看。我们也可以不用在周末搭车，去人山人海的商场里购物了，你想要的东西通过网络都可以买得到，而且东西又丰富又便宜。你不用再为了发一份文件跑到邮局或公司，上网点击就可以把文件发给别人，你甚至可以舒舒服服地坐在家里办公。

第二，网络拉近了人和人的距离。在网上你可以和远在千里之外的亲人聊天儿，可以向朋友倾诉你的烦恼，也可以在网上结交全国各地，甚至全世界的朋友。

第三，网络还丰富了我们的业余生活。学习或工作累了，上网听听音乐、看看电影，是一种很好的选择；爱好

第十五课　网络的利与弊

扑克牌和象棋的人也不用发愁没有人陪着玩儿了，电脑就是个很好的对手。

但网络给我们的生活带来便利的同时，也存在着不少令人担忧的地方。不少青少年沉迷于网络游戏。为了玩游戏他们不回家、不学习，甚至不吃饭、不睡觉，严重影响了他们的身心健康。此外，网络上还有很多不健康的内容，很多人尤其是青少年分不清，容易学坏，有人甚至利用网络进行各种犯罪活动。

总而言之，网络利大于弊。它已经成为我们生活中的一部分，如果没有网络，世界就会陷入混乱之中。我们只有利用各种手段消除网络带来的负面问题，才能更好地利用网络，使我们的生活更精彩。

 范文二

一次性餐具的利与弊

我们在生活中常常会用到一次性餐具。它给我们快节奏的生活带来了很多方便，但同时它也存在着很多问题。

先来说说一次性餐具的好处。

首先，它比较卫生。我们在外吃饭，不免会担心碗筷不干净，怕使用后会感染上疾病。如果使用一次性餐具，就放心多了。因为它使用后就会被扔掉，不会重复使用。

其次，它给我们的生活带来方便。比如，在餐馆里没吃完的饭菜扔掉是非常可惜的，如果有了一次性饭盒就可以打包带回家了。

当然，一次性餐具也给社会带来了不少问题。

第一，浪费大量的资源。一次性木筷子、一次性纸饭盒仅使用一次后就扔掉，相当于白白浪费了大量的木材。

第二，造成环境污染。我们经常可以看到，一次性筷子、饭盒被随意扔在公园里、马路上和公共汽车上，使我们生活的环境变得极为不雅。还有很多塑料制成的一次性餐具，它们在使用后不能销毁、回收，对地球的环境造成了极大的破坏。

第三，有些人为了获取利益，使用一些劣质的材料生产一次性餐具，这也会给人们的身体健康带来危害。

一次性餐具尽管给我们的生活带来了方便，但它给我们的环境带来的破坏却是不容忽视的，使用它弊大于利。我们应当在生活中少用甚至不用一次性餐具，减少污染，保护我们的生存环境。

思路图

通过以上范文的学习，我们可以总结出这类议论文的一般结构和写作要点。如下图所示：

1. 提出要议论的话题，（通常是一种社会现象或一种工具），并指出有利也有弊。

2. 谈"利"的一面总结出几点，并作出适当的分析和描述，最好是举例子。

第十五课　网络的利与弊

3. 谈"弊"的一面总结出几点，并作出适当的分析和描述，最好举例。

4. 总结出这种现象是利大于弊还是弊大于利，最后提出自己的观点和建议。

常用句式：

格式	例句
……在我看来，……有……，但也有……我认为，……	现代社会手机使用得十分普遍。在我看来，使用手机有不少好处，但也有一些弊端。我认为，使用手机利大于弊。
……，同时/然而（可是、但是）/另一方面，…… ……，但我们也要看到，……	① 网络有很多好处，同时我们也要看到，它存在很多弊端。 ② 广告是生活中不可缺少的，但我们也要看到它也有不少弊端。
至于……，就……吗？	至于电视就没有坏处吗？
……时，也……	一次性餐具给我们带来方便时，也给我们带来了环境的污染。
总的来说，我们认为……	总的来说，我们认为使用手机利大于弊。
在……（的）时（候），一定要……	在我们享受电视给我们带来的快乐时，一定要注意休息。

153

汉语综合写作教程

写作训练室

一、选词填空。

> 同时　如果　不仅　而是　甚至　因此　只是

作为21世纪的主人，我们不能　①　担忧与抱怨，　②　要有行动，要有绿色行动。……　③　动物误吃了垃圾，　④　会危害健康，　⑤　会导致死亡。　⑥　，我们要通过电视、广播、报纸和网络等各种手段，大力进行垃圾分类收集的宣传教育。让我们共同努力，解决垃圾污染，变废为宝，节约资源，　⑦　也给我们自己提供一个优美的健康的生活空间。

二、把下列词语按照正确的顺序连成句子。

1. 使用　普遍　一次性餐具　人们　相当　现代社会　中　在

2. 非常　同时　大量　方便　产生　它　但是　也　污染

3. 在我看来　一次性餐具　大于　利　弊　的

4. 实用　一方面　却　昂贵　另　一方面　非常　相当

5. 才能　消除　的　只有　弊端　发挥　它　优势

154

第十五课　网络的利与弊

三、材料作文。

参考下面的词语卡片，分组和你的同学讨论并总结一下养宠物的好处和坏处，完成任务1和任务2，看哪个组总结得又多又好。再以《养宠物的利与弊》为题写一篇议论文，完成任务3。

> 爱心　耐心
> 责任心
> 人与动物和谐相处

> 宠物疾病　毛　大小便　传染　卫生

> 孤独的老人
> 有心理疾病的人
> 陪伴　治疗

> 咬人　危险
> 抛弃　流浪

任务1：养宠物的好处：

(1) _____

(2) _____

(3) _____

任务2：养宠物的弊端：

(1) _____

(2) _____

_____

(3) _____

_____

任务3：结合刚才总结的好处和弊端，并补充其他内容，写一篇以《养宠物的利与弊》为题的议论文。

写作修改室

一、阅读下面的学生习作，并修改文中不正确的语句。

我对安乐死的看法

有人说："现在很多人为了他们的不治之症受痛苦。他们应该选择安乐死。"然而，我们可以选择安乐死吗？

如果选择安乐死的话，会出现各种各样的难题。

第一，植物人不能说出自己的想法。也许他们想活着，如果实行安乐死的话，这应该是无视人权的行为。

第二，不治之症是什么？现在科学一天比一天进步，不治之症也有痊愈的可能性。

第三，谁执行安乐死？这是最大的问题。应该是医生吧。**医生像我们一样的人类，不是神仙。**人类可以有杀人的权利吗？我认为没有。**要是让医生执行安乐死的话，可能滥用职权。**比如，现在器官移植的治疗很受重视，很多人等待给他们器官的人。生命的价值不能用钱替换，所以大部分人觉得即使卖什么财产也要器官。为了钱，医生可能会执行安乐死。或者，安乐死也是一种杀人行为，有的医生不想执行安乐死。

看着家属们难受，人们一定很可怜他们，也许希望让他安乐死。可

第十五课 网络的利与弊

依我看难受也是他的生命的一部分，不应该逃避。人们自然地出生，自然地去世。这是最好的方法。

由此看来，关于安乐死的问题有各种各样的难题。谁也没有杀人的权利。

（美国学生习作，略有修改）

1. 现在很多人为了他们的不治之症受痛苦。

   _____

   _____

2. 医生像我们一样的人类，不是神仙。

   _____

   _____

3. 要是让医生执行安乐死的话，可能滥用职权。

   _____

   _____

4. 很多人等待给他们器官的人。

   _____

   _____

5. 生命的价值不能用钱替换，所以大部分人觉得即使卖什么财产也要器官。

   _____

   _____

汉语综合写作教程

二、互动游戏：下文中有五处不正确的地方，请和你的同学比比看，看谁找得快，看谁改得好。

养宠物的利与弊

现在的社会发展很快，人们的生活也越来越好。生活越好，大家越注意满足自己的爱好。养宠物的人也越来越多，那么，养宠物有什么好处和坏处呢？

我先说养宠物的坏处。

首先，如果宠物得了传染病，对我们的身体也不利，非常危险。所以，要把宠物定期到兽医院去检查。

最后，宠物随便大小便，一边给他人留下一下不好的印象，一边给公共卫生留下一个不好的影响。有一些公园为了这道题，严禁把宠物进来。

我说了半天，全部是养宠物的坏处。当然，养宠物也有不少的好处。

第一，宠物是我们最好的朋友。在现代社会中，善和恶混合在一起，所以，只有宠物才对主人无限忠诚。

第二，养宠物还有帮我们培养爱心和耐心。因此，养宠物是一个养育孩子的好方式之一。小时候，孩子们如果养宠物养得好，长大了，他们也会有爱心，品德行为都会比较好。

总之，养宠物跟别的爱好一样，有好处也有坏处。

（韩国学生习作，略有修改）

请将你改正后的句子写在横线上。

1. _____

2. _____

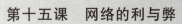

第十五课 网络的利与弊

3. _____

_____

4. _____

_____

5. _____

_____

附录 参考答案

第一课

写作训练室

一、

1. 他对那个小孩儿大喊一声[：]"当心汽车!"

2. 说话的时候要注意时间[、]场合[、]地点[、]对象和方式。

3. 祝各位身体健康、万事如意[!]

4. 我一直想去看他[，]可是一直抽不出时间。

5. [《]学汉语[》]是我们学校的留学生自己办的报纸。

6. 他是我最好的朋友。我笑，他跟着我笑[；]我哭，他也跟着我哭。

7. 你来了好几天了，跟老师见过面了没有[？]

8. ["]怎么这么便宜？不太可能吧。["]他吃惊地问。

9. 武汉著名的名胜古迹[——]黄鹤楼昨日因某种原因未向游人开放。

10. 桌子上乱七八糟地堆满了各种各样的东西，有书、杂志、文具[……]

11. 本周六[（]2008年10月4日[）]在科学会堂举行中国历史讲座，请同学们踊跃参加。

二、

				我	喜	爱	的	一	本	书							
														钱	明	月	
		我	很	喜	欢	看	书	，	家	里	的	书	柜	里	堆	满	了	爸	爸	给	我
买	的	书	。	你	知	道	哪	一	本	是	我	最	喜	欢	的	吗	？	对	了	，	就

是	《	少	年	百	科	知	识	问	答	》	，	它	是	我	过	十	二	岁	生	日	时
爸	爸	送	给	我	的	生	日	礼	物	。											
			这	本	书	的	内	容	分	为	日	常	生	活	科	学	、	动	物	科	学	、
植	物	科	学	、	昆	虫	科	学	等	各	个	领	域	。								
			这	本	书	具	有	儿	童	情	趣	。	每	一	个	问	题	答	完	后	就	有
一	幅	漫	画	，	叫	人	想	看	、	爱	看	。	在	看	书	的	同	时	读	者	不
知	不	觉	就	能	把	知	识	记	住	了	。										
			这	本	书	还	帮	了	我	不	少	忙	呢	！	有	一	回	，	我	对	邻	居
家	的	小	朋	友	说	：	"	狗	只	能	看	见	黑	色	和	白	色	。	"	他	们
谁	也	不	相	信	，	说	我	是	"	吹	牛	大	王	"	。	回	家	后	，	我	在
书	柜	里	查	找	这	方	面	的	资	料	。	终	于	在	《	少	年	百	科	知	识
问	答	》	找	到	了	关	于	狗	的	一	篇	。	我	拿	去	给	小	朋	友	看	，
证	实	我	的	说	法	，	他	们	都	夸	我	知	识	丰	富	。	还	有	一	回	，
我	在	一	本	书	上	看	到	了	"	地	光	"	这	个	词	，	不	知	道	是	怎
么	回	事	，	就	打	开	《	少	年	知	识	百	科	问	答	》	寻	找	答	案	。
原	来	，	"	地	光	"	——	地	震	的	前	兆	，	有	时	如	带	状	，	有
时	如	条	状	，	还	有	柱	状	、	片	状	、	球	状	、	火	状	等	形	状	。
			这	本	书	丰	富	了	我	的	知	识	，	开	阔	了	我	的	视	野	，	帮
助	我	更	好	地	学	习	和	生	活	，	是	我	的	"	良	师	益	友	"	。		

写作修改室

一、

1. 每段的句首应该空两格，不应该顶格写；第二个句子是一个问句，句尾应改用问号："她长得是什么样子的呢？"
2. 顿号是用来连接词与词的，这里是两个分句，应该使用逗号，改为"她个子很矮，脸上布满皱纹"。
3. 引号书写错误，应使用横排的中文引号，改为""。
4. "启示"后是提示性的说明，可以使用冒号或者破折号，改为"我从书法中得到了几个启示：集中精力、具有耐心"或改为"我从书法中得到了几个启示——集中精力、具有耐心"。

5. 句号书写错误，汉语中的句号是空心的"。"

二、

第一次到中国人家做客

我曾在一位中国朋友的奶奶家度过了一次新年。

她很早以前就对我说："春节时一定来我奶奶家过年吧！我的奶奶家在农村……"我也想，春节时中国人怎么过年？中国农村怎么样？于是我抱着期待的心情去了她的奶奶家。

因为我第一次到中国人家里做客，所以有点儿紧张。但是她的奶奶、她的爸爸、她的姐姐以及她的亲戚朋友们都很热情。

吃饭时我觉得很特别。比如：客人面对着门坐着吃饭，桌子上的菜都是用肉做的。而且他们一个劲儿地说："多吃点儿，多吃点儿，不要客气。"

还有他们春节时不打扫房间，因为打扫的话，他们觉得会把福气扫出去。

我觉得我经历的这件事很有意思，而且我对中国文化有了进一步的了解。

1. 春节时一定来我奶奶家过年吧！（不是问句，所以不需要用问号，而应该用感叹号）
2. 春节时中国人怎么过年？中国农村怎么样？（"想"的后面不需要单引号'）
3. 春节时中国人怎么过年？中国农村怎么样？（两个句子中间的逗号，后面句子后的句号也不需要）
4. 但是她的奶奶、她的爸爸、她的姐姐以及他的亲戚朋友们都很热情。（词和词之间应该用顿号连接）
5. 而且他们一个劲儿地说："多吃点儿，多吃点儿，不要客气。"（":"用在"说"的后边，引出下文所说的话）

参考答案

第二课

思考题参考答案：

1. 网友，就是通过互联网交往的朋友。
2. 画面上有一个男孩儿和一个女孩儿，他们俩是网友。男孩儿叫山本，是日本人。女孩儿叫小华，是中国人。
3. ① 山本在网上和小华聊天。
   ② 山本来中国北京和小华见面。
   ③ 山本和小华一块儿游览长城。
   ④ 山本和小华告别。
4. 山本是通过网络聊天认识中国朋友小华的。他来中国见小华。两人一起游览了中国著名的景点长城，他们玩得很高兴。告别的时候，小华邀请山本再次来中国。

写作训练室

一、

① 最初　② 后来　③ 过了一段时间　④ 最后　⑤ 现在

二、

开始： 玛丽觉得很好奇，穿上溜冰鞋，她就像一只兴奋的小鹿，对老师说："我们快开始学习吧，我都等不及了。"

后来： 玛丽尝到了苦头，她学着老师的样子，刚一迈步，就摔了个一跤，可疼了。玛丽又紧张又害怕。原来学溜冰这么辛苦，摔了很多跤，把膝盖都弄疼了。

最后： 经过一段时间的学习，玛丽终于学会溜冰了。她高兴极了，自豪地告诉朋友们："我学会溜冰了。"

三、

1. 他们在电话里聊了很长时间。
2. 因为认识了新朋友，他高兴得跳了起来。
3. 玛丽这次考得不太好。
4. 山本来到北京，而且参观了故宫。

四、

任务1：（1）彼得先生看见一个男人正在打一只可怜的狗。
　　　　（2）彼得先生想帮助这只可怜的狗，他用拐杖去打那个主人。
　　　　（3）没想到狗来咬彼得先生，他赶快跑了。

任务2：略

写作修改室

一、

1. 朱先生听说他最喜欢的酒吧新来了一位调酒师。
2. 一到酒吧，朱先生就请调酒师先给他来一杯威士忌酒。
3. 这个调酒师是个高度近视，对各种酒放的位置也不熟悉。
4. 被调酒师拿下来的不是威士忌，而是一瓶浇花水！
5. 他一面生气地大叫，一面拿起笔在酒吧的广告牌上写上"酒水"两个字。

二、

1. 他们都对我很热情，而且常常帮助我。
2. 现在正是秋天，天气有点儿冷。
3. 这个星期我们班参加了一次拔河比赛。
4. 所以今天晚上我们要一起去吃晚饭。
5. 因为我和中国朋友经常来往，而且我每天都看中文电视、中文书，所以我的进步比较快。

第三课

思考题参考答案:

1. 小孩儿看见窗口冒着浓烟,他想,一定是房子着火了。
2. 小孩儿跑去找水了。
3. 小孩儿把水从窗口泼进去。
4. 大人的头和烟斗被浇湿了。他可能是小孩儿的爸爸,也可能是小孩儿的邻居。他在训斥小孩儿。
5. 有人在房间里抽烟。烟很浓,从窗口飘出去了。

写作训练室

一、

① 突然　② 进去　③ 出来　④ 刚才　⑤ 怎么　⑥ 原来　⑦ 最近　⑧ 竟

二、

1. 小华很晚还没回家,妈妈越想越害怕。
2. 我一下课就去超市买东西。
3. 连班主任都不知道这件事。
4. 你先把书包放下来再说吧。
5. 爸爸经常喝酒,但不太喜欢抽烟。

三、

任务1:

（1）爸爸和儿子坐在凳子上,爸爸在看报纸,儿子在吹喇叭。
（2）一位老爷爷过来了,儿子把座位让给了他。
（3）老爷爷在旁边抽烟,爸爸皱起了眉头。
（4）爸爸以为是儿子,打了他一下,老爷爷摔倒了。

任务2:略。

四、

任务1:

165

女人A：你看那边，快看哪！

女人B：什么呀？

女人A：你看那边有一个老头儿和一只狗，他们长得多像啊！

女人B：哈哈，就是啊，那眉毛、胡子，简直就像一对父子，哈哈！

任务2：

女人A：哈哈，简直笑死人了。

女人B：唉哟，你看，那只狗跑掉了。

女人A：可能它不好意思了吧？哈哈！

任务3：

小孩儿：小狗，我来给你化化妆。先把眉毛修一修，再把胡子剪一剪，我看她们还笑不笑。

任务4：

女人A：哎哟，你看哪！

女人B：又怎么了？

女人A：你看那只狗，它的样子怎么变了？

女人B：是啊，现在不像父子了。

写作修改室

一、

1. 一个秋天的下午，一对父子在院子里一起玩儿。
2. 儿子突然说："我的身高是多少？"
3. 他们高高兴兴地来到院子里，父亲又量了量儿子的身高。
4. 父亲发现，原来这棵树比儿子长得快。
5. 树也和人一样在成长。

二、

1. 为记录你的成长，我每年都会在这棵树上钉一颗钉子。
2. 秋天过去了，冬天也过去了。
3. 爸爸，是不是我比去年矮了？
4. 不，不是你矮了，是这棵树长高了。
5. 过去的一年里，不但你长高了，这棵树也长高了。

参考答案

第四课

思考题参考答案：

1. 我和一个老人。老人的东西掉进水里了，他正在往上捞。
2. 老人的帽子破了，很无奈地走了。
3. 根据开头和结尾，可以推测："我"是一个助人为乐的人，老人的帽子掉进水里了，"我"帮忙捞。"我"用一根长长的竹竿把帽子捞上来了。结果，竹竿却把帽子捅破了，所以老人一脸无奈。
4. 起因：老人的东西掉到水里去了。
   过程：我用长树枝帮老人捞东西。原来掉到水里去的是一顶帽子。
   结果：帽子被我弄破了。

写作训练室

一、

1. 不管高兴还是不高兴
2. 但这次却考得不太好
3. 连忙安静下来
4. 反而说我没有进步
5. 只是身体有点儿不舒服

二、

①看　②抱　③站　④盯　⑤知道　⑥回答　⑦带　⑧想　⑨摸摸

三、

1. 贝贝想知道一支牙膏有多长。
2. 他把牙膏的盖子拧开，把牙膏挤出来。
3. 他把白色的牙膏涂在地上。
4. 贝贝把牙膏挤完了，从卫生间到客厅都是牙膏。
5. 他高兴地拍手笑，真好玩儿。
6. 妈妈下班回来了。她吃惊地问："为什么地上都是牙膏？"

167

四、略

写作修改室

一、

1. 我给画得最快的人敬酒。
2. 他看见谁都没画完,很得意。
3. 他觉得大家画得太慢了,就给这条蛇添上了几只脚。
4. 他说:"你画的不是蛇。"
5. 张先生和大家都同意他的说法。

二、

1. 两天以后,我和弟弟就去飞机场坐飞机去北京。
2. 我看见了美国三角航空公司的飞机和美联航的飞机。
3. 美国三角航空公司的飞机跟美联航的一样大,可是美国三角航空公司的飞机跟美联航的飞机不一样。
4. 我的弟弟那时不高兴,因为他不想去中国。
5. 中国很有意思,我还想再去一次。

第五课

思考题参考答案:

> 范文一:
> 1. "我"穿的新衣服怎么给"我"带来不愉快和难堪的事情。
> 2. 很多人回头看"我",并且奇怪地笑。
> 3. 很多人看到"我"穿的衣服上的标签没有摘掉。
> 4. "我"穿了一件新衣服出门,路上有很多人回头看"我","我"感觉很高兴;后来"我"发现他们奇怪地笑,回家后妹妹告诉"我",原来是"我"衣服上的标签没有摘下来。这件事让"我"觉得不愉快。

参考答案

> 范文二：
> 1. "我"穿的新衣服怎么给"我"带来不愉快和难堪的事情。
> 2. 新衣服不是"我"要的"Burberry 巴宝莉"牌，而是拼写相似的"Bouberry"牌。
> 3. 同学们都笑话"我"。
> 4. "我"穿了一件名牌新衣服出门去上学，想展示给同学们看；同学发现"我"的衣服并不是名牌"Burberry"，而是一个"Bouberry"的商标；同学们都笑话"我"。这件事让"我"很难堪。

写作训练室

一、

① 当时　② 也　③ 本来　④ 有点儿　⑤ 真

① 接着　② 特别　③ 特意　④ 恨不得　⑤ 马上　⑥ 赶紧

二、

1. 他笑得连腰都直不起来了。
2. 房间虽然不大，但是很干净。
3. 我一放假就回国。
4. 我是坐飞机来中国的。
5. 这双鞋子是"耐克"的，不是"阿迪"的。

三、

甲答："我等水凉了后再洗。"

乙说："我在热水里加入冷水，这样水就不那么烫了。"

丙沉思了一下，说："我戴上橡胶手套，这样就不会烫手了。"

四、略

写作修改室

一、
1. 下课后，我和女朋友见了面，然后我们开心地聊着天，一起去高级西餐馆。
2. 我打算在那儿向她求婚。
3. 餐馆里的气氛真好，洋溢着愉快的空气。
4. 他对我说："服务员！服务员！"
5. 我觉得很不好意思，就带着女朋友回家去了。

二、
1. 早上，天气非常好。
2. 在这样的日子里，我觉得早饭和午饭特别好吃，对朋友们也特别宽容。
3. 可是还没等我跑到教室，就下起雨来了。
4. 我的心一下子沉了下去。
5. 整个下午我的心情糟得很，觉得晚饭也不好吃，还对朋友们乱发脾气。

第六课

思考题参考答案：

范文一：
1. 作者写的是他的妈妈。
2. 妈妈四十多岁，中等个子，身体很结实，有一双明亮的眼睛。
3. 文章写了妈妈的一件事情。作者小时候跟妈妈去动物园，妈妈教育他要爱护动物。
4. 妈妈很善良，作者爱他的妈妈。

> 范文二：
> 1. 作者写的是同学——宋福。
> 2. 宋福英俊而可爱，高高的个子，宽宽的肩膀，就像一个身材标准的男模特。他的眼睛湛蓝湛蓝的，像一个电影明星。
> 3. 文章写了宋福的两件事。第一件事，他对自己的名字非常满意，因为这象征着"送来好运气"。第二件事，他因为粗心闹了笑话，从此以后更加努力学习汉语。
> 4. "我们"都喜欢他。

写作训练室

一、

1. ① 中等　② 英俊　③ 炯炯有神
2. ① 高高　② 瓜子脸　③ 细长　④ 明亮　⑤ 马尾辫
3. ① 矮小　② 黑黑

二、

1. 我第一次见到王老师是在初中入学的时候。
2. 因为来到新环境，我们又害怕又害羞。
3. 她微笑着站在门口迎接我们。
4. 她像母亲一样慈祥，让我们觉得很放松。
5. 我在英语课上偷偷玩儿手机。
6. 我抬起头，发现王老师正在生气地看着我。
7. 她的目光非常严厉，我低下了头。

三、略

写作修改室

一、

1. 她的鸭蛋脸上有着一双又大又圆的眼睛，鼻子不大不小。

2. 她的嘴唇非常性感!
3. 在我们国家,双眼皮更受欢迎。
4. 3岁的时候,她就开始学习弹钢琴了。
5. 她是我姐姐,也是我最好的朋友。

二、

1. 即使我做得很好,妈妈也不称赞我。
2. 但是做得不好就会被她骂。
3. 有一次我跟朋友去玩儿,回去得有点儿晚,被她骂了一顿。
4. 你是一个女孩儿,不能回来得太晚,这样是很危险的。
5. 这时我才记起来4月1日是愚人节,所有的话都不能当真。

第七课

思考题参考答案:

> 范文一
> 1. 这件事情发生在"我"刚来中国时,在广西桂林附近。
> 2. 一共有三个人物出现,他们是"我"、"我"的朋友古力和一个中国农民。
> 3. "我"在桂林旅游,想走路去古榕镇,结果下大雨迷路了。幸亏遇到一位热心的中国农民,虽然他是个残疾人,但他一直陪"我"走到了古榕镇,见到"我"的朋友古力。
> 4. "我"感受到了中国人的温暖。

参考答案

> 范文二：
> 1. 这件事情发生在海边，早上"我"去钓鱼的时候。
> 2. 主要有三个人物出现："我"、"我"的朋友和朋友的表哥。
> 3. "我们"三个人去海边钓鱼，"我"太高兴了，结果掉到海里去把全身都弄脏了，很扫兴。
> 4. 虽然当时很烦恼，但现在回想起来"我"觉得很有意思。

写作训练室

一、
1. 连小孩子都知道要讲礼貌
2. 像根本不认识我一样
3. 由于天气不好
4. 因此没能及时给你回信
5. 更不会骑摩托车

二、
① 立刻　② 正当　③ 的时候　④ 从来　⑤ 已经　⑥ 之前　⑦ 现在　⑧ 以后

三、
（1）她们坐在石凳上休息，喝矿泉水。
（2）妈妈突然发现，一个20多岁的小伙子站在远处不停地看着她们。
（3）那个小伙子不肯走，一定是看上你了，你看你多漂亮啊！
（4）别开玩笑了，他怎么会看上我这个"老太太"？
（5）无论妈妈走到哪里，那个小伙子还是一直跟着。

四、略

写作修改室

一、
1. 他们回到日本后，就结婚了。
2. 那个时候中国的发展没有现在这么快。

173

3. 在小学生的眼里，除了饮食方面以外，中国并没有太大的吸引力。
4. 不过，我上高中一年级时，跟一个旅行团再次来到中国。
5. 为了研究中国的城乡差别，我决定上大阪外国语大学学习汉语。

二、
1. 妈妈的疼爱好像都转给他了。
2. 虽然我有点儿内疚，但还是不放过他。
3. 有一次，我想了一个坏主意。
4. 后来我们长大了，成了朋友，我为我过去的行为向他道歉。
5. 可我还是感谢他的宽容，因为不是每个孩子都受得了的。

第八课

思考题参考答案：

范文一：
1. 介绍了大熊猫，一种中国特有的珍稀动物。
2. 身材像熊，头圆，尾巴短，全身长着厚厚的毛。除了四肢、耳朵和眼圈是黑色的，其他部分都是白色的。
3. 介绍了大熊猫的生活环境、主要食物、生活习惯、生育情况等。
4. 濒临灭绝，但人类已经采取措施保护它了。

范文二
1. 介绍了陆地上体形最大的动物——大象，分为非洲象和亚洲象。
2. 体长7~9米，身高4米多，体重一般5~7吨半；毛发稀少，皮肤灰色；头大，耳朵像扇子；鼻子很长，非常灵活；长着一对长长的白牙齿；四肢强壮，像四根大柱子似的等。
3. 介绍了大象的生活环境、食物、生活习惯、性格等。
4. 由于环境的不断恶化，大象的数量逐年减少。

写作训练室

一、
① 似的　② 在　③ 长达　④ 达到　⑤ 以　⑥ 为食

二、

任务1：长颈鹿全身布满棕色和白色的花纹。长颈鹿的头比较小，头顶长着一对小小的角。最引人注意的是它的长脖子。它的四条腿和尾巴又细又长。

任务2：（1）长颈鹿生活在非洲的大草原上。
（2）它主要以大树上面的树叶为食。
（3）长颈鹿喜欢群居，常常十几头一起生活。
（4）当它们遇到敌人时，它们奔跑的速度非常快。
（5）长颈鹿的眼睛、耳朵非常灵敏。
（6）但是它却没有声带，所以它不能发出声音，很沉默。

三、略

写作修改室

一、
1. 我觉得猫是非常聪明、可爱、好玩儿的动物。
2. 很多人说猫不喜欢他们的主人，只喜欢他们住的地方，可是我觉得不见得。
3. 她也不喜欢一个人在房间里，我们在家的时候她差不多总是跟我们在一起。
4. 我做作业、看书或者报纸的时候，她不让我看。
5. 我的很多朋友说我的猫很像我。

二、
1. 它们主要在森林和公园活动。
2. 魔王松鼠的体长25~30厘米，它的尾巴蓬松，长达16~28厘米，超过体长的一半以上。
3. 魔王松鼠几乎什么都吃：小鸟、鸟蛋、小动物、水果、果仁、球果等等。
4. 原来亚利桑那灰松鼠生活在北美，19世纪进口到英国。
5. 新来的灰松鼠和魔王松鼠的生活方式相同，而灰松鼠的数量多，个头也比较大。

第九课

思考题参考答案:

范文一:
1. 作者的家乡在日本长野县。长野县位于日本的本州中部,是一个内陆县。
2. 文章介绍了家乡丰富的森林资源、温泉和几个独特的祭祀。
3. 作者非常思念家乡。

范文二
1. 作者的家乡在韩国的济州,济州在韩国的南部。
2. 介绍了济州迷人的风景、"三多"、"三无"以及盛产的水果和海鲜。
3. 济州是韩国著名的旅游胜地,欣赏沿路的风景对作者来说永远是一种享受。

写作训练室

一、
1. 火车比飞机慢得多。
2. 他甚至不知道家乡在哪儿。
3. 除了日本之外,我没有去过其他国家。
4. 因为青岛盛产海鲜,所以那儿海鲜很便宜。

二、
① 位于 ② 首先 ③ 以 ④ 闻名 ⑤ 称作 ⑥ 其次 ⑦ 丰富 ⑧ 盛产
⑨ 除了 ⑩ 之外

三、
(1) 首先,长江和汉江在武汉交汇,因此武汉被分成三部分,这就是"武汉三镇"的由来。

(2) 武汉也因此被称作"江城"。

(3) 其次，武汉因为湖泊众多，被称作"百湖之市"，所以水产品十分丰富。

(4) 武汉还是一个历史悠久的城市，有不少名胜古迹，黄鹤楼就是其中之一，每年都有很多人来旅游。

(5) 除了这些之外，武汉还有着各式各样的小吃，特别是早点非常丰富。

四、略

写作修改室

一、

(1) 我的家乡在大阪。

(2) 我们大阪人都很幽默，也很性急。

(3) 有人说，在日本，大阪人走路的速度最快！

(4) 我住的地方和泉市在大阪的南方。

(5) 我的奶奶和我的家族一直住在届市。

二、

1. 我的家乡是韩国的蔚山。
2. "蔚山十二景"是蔚山最美丽的十二种风景。
3. 我们凌晨四五点去那儿，能看到辉煌的日出。
4. 全家人一起去泳滩玩儿水、游泳、看庆典、燃放爆竹。
5. 迦智山四季分明，所以爬山的人越来越多了。

第十课

思考题参考答案:

范文一

1. 西红柿炒鸡蛋,是中国的一种家常菜。
2. 西红柿两个、鸡蛋两个,葱、大蒜、油、盐、糖少许。
3. 分四步:首先做准备工作,把西红柿切成块儿,把大蒜切成丁儿,把葱切成葱花,把鸡蛋打到碗里放一点儿盐,再搅拌均匀。然后先炒鸡蛋,再炒大蒜和西红柿,接着把炒好的鸡蛋倒入锅里一起炒。最后把葱花放进去,再放一点儿盐和糖。
4. 颜色有红有黄有绿。味道也很好。

范文二

1. 子母盖饭,是日本的一道家常菜。
2. 海带一片、洋葱一个、鸡肉一百克、鸡蛋两个、糖一大匙、甜酒一大匙、酱油一大匙。
3. 分三步:先把海带放到水里煮一下。然后将鸡肉和洋葱切成丝儿备用。捞起海带之后,把调味料、一杯海带汤汁、切好的鸡肉和洋葱放到小锅里,煮五分钟。鸡肉煮熟就可以了。接着就是浇鸡蛋。浇上鸡蛋后,立刻把火关掉。然后盖上锅盖,利用余热来焖。
4. 香味扑鼻,要趁热吃。

写作训练室

一、

任务1:1. 下面我来介绍一下洋葱汤的做法。
2. 做红烧肉需要准备这样一些材料:五花肉半斤、生姜少许、酱油、糖。
3. 酸辣土豆丝是著名的川菜,味道又酸又辣。

参考答案

任务2：1. 做清蒸武昌鱼需要准备的材料有：<u>武昌鱼一条、生姜一块儿、葱几根、醋少许</u>。

2. 材料准备好后，<u>把青椒洗干净</u>。

3. 然后，<u>把土豆切成丝儿</u>。

4. 肉切好后，<u>把它放入锅中炒一下儿</u>。

任务3：① 首先　② 等　③ 再　④ 接着　⑤ 最后

二、

（1）做酸辣土豆丝需要的材料有：土豆一个，青辣椒、红辣椒几个，葱、大蒜、花椒若干，油、醋、盐。

（2）材料准备好后，先把土豆的皮削掉，把土豆、青辣椒、红辣椒切成丝儿，把葱、大蒜切成末儿。

（3）把切好的土豆丝儿放在冷水里泡20分钟。

（4）然后，把油倒入锅里，烧热，把准备好的辣椒丝儿、大蒜、花椒等佐料倒入锅里一起炒。

（5）等佐料炒出香味后，把切好的土豆丝儿倒入锅里炒一下。

（6）最后加适量的盐、醋、葱等，再炒一会儿。

三、略

写作修改室

一、

1. 酸汤是越南南方的一种汤。

2. 下面我介绍一下它的做法。

3. 我们先要把豆腐、香菇、菠萝、西红柿都切成条儿。

4. 水开后把酸豆、香菇、豆腐放到锅里。

5. 特别要注意的是，一定要等所有的配料都熟了，把锅从火上端下来，再把空心菜、绿豆芽、香菜放进去。

二、

1. 一般是作为甜食，可以加蜂蜜或者巧克力。

2. 我现在想介绍的苹果薄饼也是常见的一种吃法，又简单又好吃。

3. 做薄饼需要这样一些材料：……

4. 首先把苹果削好，然后把它切成块儿。

5. 煮苹果最好提前一天做，吃的时候再把它热一下儿，这样味道更好。

第十一课

思考题参考答案：

范文一：
1. 文章介绍了压力问题，是由于现代生活节奏加快而产生的。其表现有头疼、耳鸣、心慌、常感到疲劳等。
2. 文章介绍的减轻压力的方法有三种：睡觉、运动和听音乐。
3. 如果这样做了会减轻压力，让身心更健康，生活更愉快。

范文二：
1. 文章介绍了节约用水的办法。
2. 有三种：一水多用；改掉用水的坏毛病；使用节水装置。
3. 如果注意生活中的细节，就能更高效地节水。

写作训练室

一、
1. ①才 ②首先 ③其次
2. ①如果 ②那么 ③会
3. ①如何 ②就

二、
1. 水是地球上生命不可缺少的物质。
2. 我来教教你如何挑选水果。
3. 我来给大家介绍一下学习汉语的方法。
4. 只有注意生活中的细节，才能更高效地节水。
5. 人类如果不节约水，地球将会成为沙漠。

三、

1. 第一，长期不用或者外出时，应该把电器的插头拔下来。
2. 第二，电视的音量太大，空调的设定温度与室外温差过大，电灯的亮度太强都会浪费电。
3. 冰箱不要经常开门关门，也不要把热的东西放到冰箱里。

四、略

写作修改室

一、

1. 我去过很多地方。
2. 首先，比其他城市干净。
3. 有了干净的环境，人才能生活得健康、舒适。
4. 自然环境对人影响很大。
5. 也就是说，在那儿生活不需要花很多钱。

二、

1. 我很喜欢旅行，而且喜欢拍风景。
2. 回家以后，我会选择几张拍得特别好的照片。
3. 我常常在考试的前一天弹钢琴放松。
4. 它们都让我们很容易跟外国人交流。
5. 我的书非常多，不仅我的房间里有，我弟弟的房间里也有。

第十二课

思考题参考答案：

范文一：
1. 走自己的路很重要。
2. 通过举例子来证明论点，外国和中国的例子各一个。
3. 我们每一个人应该坚持自己的追求，走出自己的成功之路。

范文二：

1. 不要盲目模仿别人。
2. 通过举例子来说明论点。首先证明模仿成功的人不一定成功，然后证明模仿坏人可能会导致犯罪。
3. "三思而后行"，不要盲目模仿别人。
4. 两篇文章的观点不一样，范文一的论点是要走自己的路，然后论证走自己的路会取得成功，是从正面的角度来论证。范文二的论点是不要模仿别人，然后论证盲目模仿会导致坏的结果，是从反面的角度来论证。

写作训练室

一、（供参考）

1. 如果不停止使用一次性餐具
2. 一点儿也不喜欢成天做作业
3. 千万要小心
4. 并不是一件坏事/并没有什么不好
5. 足足用了一生的时间

二、

（4）（5）（1）（6）（3）（2）

三、

1. 在这个故事里，愚公终于把两座大山都搬走了。我认为，不管困难有多大，坚持不懈很重要。
2. 有人觉得有钱就会有幸福。但在我看来，健康对人的生活更重要。
3. 大家都喜欢唱卡拉OK，甚至很多老年人也很喜欢。
4. 高科技不一定都会带来便利。拿银行卡来说，有时就会很麻烦。
5. 比如，现在很多大型超市提出，顾客自己带购物袋，节约资源。

四、略

写作修改室

一、

1. 友情、爱情、财富、事业都很重要，但是依我看，最重要的是健康。
2. 但是没有健康的时候，我们的生活会变成地狱。
3. 我们国家有一句俗语说得好："千金易得，健康难求。"
4. 但是这不是容易得到的幸福。
5. 身体好的时候，你有力量去工作、谈恋爱、找新朋友。

二、

1. 第一棵树的最大愿望就是长成一棵大树，所以它储备养料。
2. 故事里两棵树的结局是相反的。
3. 我认为这两棵树的故事和人类很相似。
4. 开始一定会碰到困难，但是最后获得了成功。
5. 即使刚开始取得了一点儿成功，但是后来自己没有做好准备，最后还是失败了。

第十三课

思考题参考答案：

1. 画面上有三个字和一个"十字架"。这三个字分别是森、林、木，都和树木有关。它们的排列顺序代表着"树木"在不断减少，绿色越来越少。最后一个"十字架"代表着随着树木的不断减少，如果我们不采取保护措施，地球将走向毁灭。
2. 自然环境在不断遭到破坏，我们应该行动起来，保护大自然。

写作训练室

一、

①对　②而言　③最重要　④第二　⑤第三　⑥宁可　⑦也　⑧在　⑨看来

二、

1. 这幅漫画反映了我们的生活环境正在恶化。

2. 众所周知，时间是非常宝贵的，因此我们要珍惜时间。

3. 只要你坚持努力，你的梦想就一定能实现。

4. 年轻人应该如何实现自己的梦想呢？我认为，最重要的是要有踏实肯干的精神。

5. 总而言之，保护环境对每个人都很重要。

三、（供参考）

垃圾的危害

地球是我们的家园，而这个家园正在被垃圾所包围。垃圾已经对我们的生活和环境造成了不好的影响，甚至是严重的危害。

第一，占地过多。<u>堆放在城市郊区的垃圾，侵占了大量农田。现在北京人每人平均年产垃圾 440 公斤，全市年产 400 万吨左右，相当于两个半景山。</u>

第二，污染空气。<u>在运输和露天堆放过程中，垃圾会产生臭味，污染空气。这些臭气还会对我们的身体造成危害。</u>

第三，污染水源。垃圾直接倒入河流、湖泊或海洋，会引起严重的污染。您看：<u>长江江面上漂着的塑料瓶和饭盒，岸边的树上挂着的塑料袋、破布条等。</u>

综上所述，<u>城市垃圾问题非常严重。要让这些垃圾变废为宝，就要做好垃圾的回收和利用。</u>因此，我们要通过电视、广播、报纸和网络等各种手段，大力进行垃圾分类收集的宣传教育。让我们共同努力，解决垃圾污染，变废为宝，节约资源，同时也给我们自己提供一个优美的健康的生活空间。

四、略

写作修改室

一、

1. 现在，在我们的日常生活中网络是很重要的。

2. 但是不管我离父母有多远，都可以上网跟他们取得联系。

3. 网络上有许多资料，可以比较容易找到自己需要的。

4. 孩子们觉得与其去外边跟朋友玩儿，不如在家上网。

5. 但是为了丰富我们的生活，网络是不可缺少的。

二、

1. 所以吃穿不愁就是人类最重要的幸福。

2. 在童年时代，被父母疼爱就是幸福。
3. 遇到各种各样的朋友就是幸福，因为从朋友那儿学到的东西很多。
4. 当上了父母以后，因为孩子是自己的掌上明珠，所以孩子的幸福也就是自己的幸福。
5. 我认为最重要的是珍惜各自的幸福。

第十四课

思考题参考答案：

范文一：
1. 很多年轻人放弃传统大学教育，而去创业。不少在校大学生因为创业失败而损失金钱、荒废学业。
2. 知识是成功的基础，对大学生来说，学好专业是最重要的。
3. 首先，通过举例子说明知识的重要性。其次，论证能力非凡的人可以选择适合自己的道路。总结上文，作者认为对于大部分的大学生来说，认真地学习，多积累实践经验，这才是成功的必经之路。

范文二：
1. 很多年轻人放弃传统大学教育，而去提前创业。不少在校大学生因为创业失败而损失金钱、荒废学业。
2. 辍学创业是一把双刃剑，有利也有弊。
3. 首先，通过举例子、列数据，论证辍学创业存在巨大风险。然后，列举辍学创业对社会产生的好的影响。总结上文，作者提出应对辍学创业公正评判，同时表明自己的态度。
4. 不一样，范文一直接论证了学习对于大学生的重要性，范文二则分别列举了辍学创业的利与弊。

写作训练室

一、
1. 不仅损失了金钱，还荒废了学业。
2. 对学生来说，学习是最重要的。
3. 与巨大的财富相比，风险不算什么。
4. 要想实现愿望，就必须努力工作。

二、
① 对于　② 来说　③ 因此　④ 却　⑤ 而是　⑥ 可见　⑦ 如果

三、
1. 依我看，选择适合自己的生活方式，比盲目追求奢侈的生活更有意义。
2. 据报道，北京人每人平均年产垃圾440公斤，全市年产400万吨左右，由此可见，城市垃圾的危害日益严重。
3. 随地吐痰不文明，影响形象。最重要的是，还会造成空气污染，损害他人健康。
4. 毫无疑问，除非现在就通知他，否则根本来不及。
5. 他经常迟到，学习成绩也下降了。一句话，这段时间他的表现很不好。

四、（供参考）

"名牌消费"的背后

在中国，麦当劳（McDonald's）深受中国消费者特别是年轻人的追捧。有人开玩笑说，如果把馒头夹肉片放进麦当劳的包装，也一定会有不少人称赞："麦当劳的馒头就是好吃。"这虽然是句玩笑话，却说出了生活中一个常见的现象，任何物品只要贴上了名牌标签，<u>就会受到人们的追捧</u>。

从消费心理学角度来看，这反映了人们的心理存在"易受暗示"倾向。就是在各种名牌广告宣传的诱惑下，人们无形中接受了广告的暗示。比如，<u>广告里宣传某一种食品很好吃，虽然心里有怀疑，但还是忍不住想去试试</u>。

其次，名牌消费还满足了人们的虚荣心理。拿<u>衣服</u>来说，<u>穿一件耐克运动衫，远远比穿一件普通的T恤衫更显示人的身份</u>。

此外，名牌消费还体现了"从众心理"。"从众"指的是人们受周围其他人的影响，更容易做出与多数人一样的行为。如果有人非要唱反调，这个人就很容易被孤立，不受人欢迎。在这种压力下，他就更倾向于模仿别人的行为。"名牌消费"就体现了这种对成功人士的模仿。

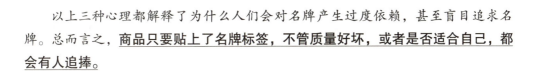

以上三种心理都解释了为什么人们会对名牌产生过度依赖,甚至盲目追求名牌。总而言之,<u>商品只要贴上了名牌标签,不管质量好坏,或者是否适合自己,都会有人追捧。</u>

五、略

写作修改室

一、
1. 我认为任何小事都是重要的事。
2. 它的意思大概跟中国的谚语"积少成多"和"集腋成裘"差不多。
3. 他相信如果这样做,就会成功。
4. 高中二年级时,我被选派为强化选手。
5. 从那时起,我就一直那样做。

二、
1. 那么放弃还是不放弃,哪一个对呢?
2. 从"不能放弃"的角度来看,我想起一个很有名的美国黑人牧师马丁·路德·金(Marting Luther King)。
3. 黑人不能和白人一起上大学,甚至连上厕所也有区别。
4. 我们放弃后应该另外找一条有希望的路。
5. 比如,我听说过一个男人。

第十五课

思考题参考答案:

范文一:
1. 网络有利也有弊。
2. 网络给人们带来的好处有三:其一,改变了生活方式;其二,拉近了人和人的距离;其三,丰富了业余生活。

3. 网络带来的问题也有三：青少年沉迷网络游戏；不健康的内容影响青少年的身心健康；有人利用网络犯罪。
4. 网络利大于弊。我们要消除网络弊端，更好地利用网络。
5. 提出问题——谈好处——谈弊端——总结~升华
   ↓   ↓   ↓
   总   分   总

范文二：
1. 一次性餐具有好处也有坏处。
2. 好处有二：比较卫生；给我们的生活带来方便；
3. 坏处有三：浪费大量资源；造成环境污染；劣质餐具危害人的健康。
4. 一次性餐具弊大于利，我们应该少用、不用，减少污染。
5. 提出问题——谈好处——谈坏处——总结、升华
   ↓   ↓   ↓
   总   分   总

写作训练室

一、
① 只是　② 而是　③ 如果　④ 不仅　⑤ 甚至　⑥ 因此　⑦ 同时

二、
1. 在现代社会中人们使用一次性餐具相当普遍。
2. 它非常方便，但是同时也产生大量污染。
3. 在我看来，一次性餐具的弊大于利。
4. 一方面非常实用，另一方面却相当昂贵。
5. 只有消除弊端才能发挥它的优势。

三、略

写作修改室

一、

1. 现在很多人因为不治之症而经受着痛苦。
2. 医生也像我们一样是普通人,不是神仙。
3. 要是让医生执行安乐死的话,他们可能会滥用职权。
4. 很多人等待着别人捐给他们器官。
5. 生命的价值不能用钱替换,所以大部分人觉得即使卖掉财产也要移植器官。

二、

1. 所以,要把宠物定期带到兽医院去检查。
2. 最后,宠物随便大小便,一方面给他人留下不好的印象,一方面给公共卫生造成不好的影响。
3. 有一些公园因为这个问题,严禁把宠物带进去。
4. 第二,养宠物还可以培养我们的爱心和耐心。
5. 因此,养宠物是教育孩子的好方式之一。

后 记

　　《汉语综合写作教程》作为湖北省汉语国际推广研究基地的项目之一，从酝酿、构思并着手编写，历经寒暑，经反复讨论、修改及试用，终于成稿。本教材由李汛教授主编，从选题构思到最后统稿、审阅，倾注了大量心血。余敏、伍依兰、李华雍三位老师负责具体编写，万莹老师参与部分审阅工作。日本大阪大学杉村博文先生作为本书顾问，提出了大量的宝贵的建设性意见。

　　本教材在编写过程中得到了责任编辑孙娴的支持和指导，得到了华中师范大学领导及国际文化交流学院同仁的支持，在此一并表示深深的谢意。

编写组

2008 年 8 月